TeleCartoon
Telekommunikation in der Karikatur

127
Nel
Fax mal schnell was rüber . . .
1991

TeleCartoon

Eine Publikation des
Deutschen Postmuseums,
Frankfurt am Main,
herausgegeben von Klaus Beyrer

Ausstellung 31. Oktober 1993
bis 20. Februar 1994
Deutsches Postmuseum,
Frankfurt am Main
Ein Museum der Unternehmen
der Deutschen Bundespost

TeleCartoon
Telekommunikation in der Karikatur

Eine Ausstellung des
Deutschen Postmuseums,
Frankfurt am Main

Idee:
Thomas Werner, Heidelberg

Projektbearbeitung:
Brigitte Schoch-Joswig, Nürnberg
in Zusammenarbeit mit
Ute Gortner, Grimaucourt

Technik:
Hagen Hahn, Frankfurt am Main

Öffentlichkeitsarbeit:
Rosemarie Höpfner,
Frankfurt am Main

Katalog:
Brigitte Schoch-Joswig

Katalog- und Plakatgestaltung:
Christa Winkler, Stuttgart

Transport:
Internationale Kunstspedition
Hasenkamp

Satzherstellung:
Roman Leipe GmbH, Hagenbach

Gesamtherstellung:
Koelblin Druck + Verlag, Baden-Baden

ISBN 3-7685-2893-6

Inhalt

Grußwort

Wilhelm Rabe hielt das Lachen für eine der ernsthaftesten Angelegenheiten. Die Karikatur, die mit ihren Mitteln menschliche Züge und Verhaltensweisen, politische Ereignisse oder gesellschaftliche Zustände herausarbeiten, kommentieren, anprangern will, ist es ihrem Grunde und Wesen nach auch.
Obwohl die Karikatur keine Erfindung der Neuzeit ist, trat sie gleichwohl erst im 19. Jahrhundert aus ihrem Randdasein heraus, das ihr bislang in der bildenden Kunst zugewiesen war. Im 19. Jahrhundert begann aber auch die Geschichte der modernen Telekommunikationstechnologie. Sie stellte plötzlich eine Fülle, bisher ungeahnter Möglichkeiten bereit, aber sie hatte auch ihre Tücken.
In ihrem Gefolge bildeten sich — bis auf den heutigen Tag — neue Verhaltensweisen und Umgangsformen aus und — selbstverständlich — auch neue Marotten.
Deshalb ist es nicht verwunderlich, daß das Feld der Telekommunikation ein beliebtes Sujet für den Zeichenblock der Karikaturisten wurde.
Die Tatsache, daß die Geschichte der modernen Karikatur parallel zu der Entwicklung der modernen Telekommunikationstechnologie verläuft, macht diese Ausstellung in zweifacher Weise interessant und aufschlußreich: Denn der Wandel im Umgang mit der Telekommunikation wird ebenso sichtbar wie die Entwicklung und Ausprägung der Karikatur von der Mitte des 19. bis zum Ende des 20. Jahrhunderts.
Wir blicken in dieser Ausstellung mit Interesse in die Vergangenheit der letzten hundertfünfzig Jahre — aber wir sehen — janusköpfig — gleichzeitig auch voller Spannung in die Zukunft. Denn heute werden die Weichen für das Zeitalter der Information gestellt, das unsere Arbeits- aber auch unsere Lebenswelt nachhaltig verändern und in Teilbereichen sicherlich geradezu revolutionieren wird.
Neue, ungeahnte Chancen werden sich uns eröffnen. In gleicher Weise werden wir aber auch vor neue Herausforderungen gestellt.
Ob und auf welche glückliche, komische oder auch merkwürdige Weise wir die Chancen genutzt und die Herausforderungen bewältigt haben, werden künftige Generationen — nicht zuletzt anhand der Hinterlassenschaften aufmerksamer Zeichner — erfahren, die mit kritischem Auge und spitzem Stift unser Denken und Handeln interpretieren, karikieren und kolportieren.
Ich wünsche den Besuchern der Ausstellung aufschlußreiche und amüsante Einblicke in die Geschichte der Telekommunikation und in die Entwicklung ihrer karikaturistischen Bilderwelt.

Helmut Ricke
Vorstandsvorsitzender Telekom

Vorwort

Ausstellung und Katalog schreiben ein im vergangenen Jahr in Teilaspekten vorgestelltes Projekt fort: auf die „Post" folgt nun die „Telekommunikation" als Objekt der karikaturistischen Künste — eine Trennung, die sich eher beiläufig aus der Materialfülle bei der Sichtung der jeweiligen Sammlungsschwerpunkte ergab. Frau Dr. Brigitte Schoch-Joswig hat auch dieses Folgeprojekt in bewährter Weise erarbeitet. Ihr sei hier an erster Stelle für die Mühen gedankt, die sie ein weiteres Mal auf sich genommen hat, um dem Prinzip der Serie zu konkreter Gestalt zu verhelfen.
Auf Museumsseite wurde das Projekt durch Herrn Hagen Hahn begleitet und gefördert. Ihm sei gleichfalls herzlich gedankt, wie auch allen andern Mitarbeitern des Hauses, die bei der Ausstellungsvorbereitung mitgewirkt haben.
Unser besonderer Dank gilt schließlich der großzügigen Bereitschaft all jener, die Leihgaben beigetragen und am Gelingen dieser Ausstellung Anteil genommen haben.
Das Thema selbst wurde, was in der Natur der Serie liegt, an diesem Ort schon gebührend gewürdigt. Nicht von ungefähr geraten manche Vertreter des spitzen Striches, über deren Arbeiten zu schmunzeln uns im vergangenen Jahr hinsichtlich der „gelben Post" erlaubt war, erneut ins Bildgeschehen. Was uns gewissermaßen versöhnlich stimmt. Wäre es doch gelacht, gäbe es bei der Telekom nichts zu lachen. Verwechselbar sind beide Unternehmen unter dem Strich deshalb noch lange nicht. Anders als bei der gelben Post, die nicht selten als Institution karikaturistischer Schelte ausgesetzt ist, führt mit der Telekommunikation deren Bildwitz bis tief in den Alltagsbereich ihres Nutzungszusammenhangs. An die Stelle etwa der berühmt-berüchtigten „Postschnecke", die stets ein dankbares Beispiel für schleichende Entscheidungen gibt, treten so die „petites misères de la vie humaine" im Umgang mit Telefon, Telefax und anderem mehr.
Worüber lachen wir eigentlich? Dem Witz, hat Sigmund Freud einmal gesagt, wohne stets etwas Befremdliches bei. In der Irritation steckt danach die Pointe. Und in dem Bemühen darum, die gewohnte Erhabenheit zurückzugewinnen, wohl des Witzes Profil. Worauf sich einzulassen aber nicht wenig ist. Und dann? In den Schriften von Kurt Tucholsky findet sich der Hinweis: „Die Welt verachten — das ist sehr leicht und meist ein Zeichen schlechter Verdauung. Aber die Welt verstehen, sie lieben und dann, aber erst dann, freundlich lächeln, wenn alles vorbei ist: das ist Humor".

Klaus Beyrer
Deutsches Postmuseum

Zu Böcklins Tod

(Zeichnung von Th. Th. Heine)

Das Schweigen im offiziellen Walde.

27
Thomas Theodor Heine
Zu Böcklins Tod
1901

Es war einmal

. . . der Buchhalter Bianchi aus Varese. Er war Handelsvertreter und sechs von sieben Tagen reiste er durch ganz Italien nach Ost, nach West, nach Süd, nach Nord und ins Landesinnere, um Arzneien zu verkaufen. Am Sonntag kehrte er nach Hause zurück und am Montag morgen reiste er wieder ab. Aber bevor er abreiste sagte ihm seine Tochter: ‚Ich bitte Dich, Papa: jeden Abend eine Geschichte.'

Diese Tochter konnte nämlich ohne eine Geschichte nicht einschlafen, und die Mama hatte alle Geschichten, die sie kannte, schon dreimal erzählt. So rief der Buchhalter Bianchi, egal wo er sich befand, Punkt neun in Varese an und erzählte seiner Tochter eine Geschichte. Dieses Buch enthält die Geschichten des Buchhalters Bianchi. Ihr seht, sie sind alle ein wenig kurz: natürlich, der Buchhalter bezahlte das Telephonat aus der eigenen Tasche, er konnte garnicht zu lange telephonieren. Nur manchmal, wenn er gute Geschäfte gemacht hatte, erlaubte er sich einige Einheiten mehr. Man hat mir erzählt, daß die Fräulein von der Zentrale, sobald Bianchi die Vermittlung in Varese anrief, alle Telephonate unterbrachen, um seine Geschichten zu hören. Und das will ich meinen: einige sind wirklich sehr schön."

Diese Einleitung stellt Gianni Rodari seinen ‚Favole al Telefono'(Geschichten am Telephon)[1] voran. Alle 70 Geschichten können in kaum mehr als fünf Minuten erzählt werden. Rodaris Erzählungen sind wunderbar und phantastisch, witzig und voller Hintersinn. Moderne Märchen, in denen die Einbildungskraft der Kinder über die Logik der Erwachsenen triumphiert, Naturgesetze aufgehoben werden, die unbestechliche Moral der Kinder Tyrannen besiegt und alte Spruchweisheiten frech und witzig ad absurdum geführt werden. Sie sind zwar kurz, so wie es der Gebührenzähler erfordert, doch durch ihre poetischen Bilder und ihre prägnante Botschaft beschäftigen sie die Phantasie der Leser genauso nachhaltig, wie die Märchen früherer Zeiten. Rodari straft mit seinen meisterhaften Miniaturen alle Kulturpessimisten Lügen, die befürchten, die neuen Kommunikationsmedien führten zu einem Verlust des Fabulierens, der Phantasie und einer Verarmung der Beziehungen. Es sind gerade die neuen Medien, die neue Mythen haben entstehen lassen. Mythen, die die Karikaturisten zu neuen Karikaturen, Satiren und Cartoons verarbeiten.

Es wäre ein Irrtum zu meinen, die Karikaturisten würden in ihren Karikaturen und Satiren übertreiben, um billige Lacher einzuheimsen. „Das Übertreiben ist ganz anderen Leuten vorbehalten als ausgerechnet einem Karikaturisten, der nur zeichnet, was er sieht, hört, erlebt und denkt. Die Welt ist voller Übertreibungen, die kein Zeichner, und sei er noch so sehr Karikaturist, erreichen könnte. Die gute Karikatur kommt mit der Hälfte der Übertreibungen aus, deren sich ein schlechter Politiker bedient."[2] So geht es in dieser Ausstellung um den Witz und die Komik, die in den Telekommunikationsmedien selber stecken, um die Mißverständnisse, Lügen, Heimlichkeiten, die sich aus dem „blinden Dialog" ergeben. Es geht um die Diskrepanz vollmundiger Werbe-

122
F.W.Bernstein
Göte ist dran
1992

slogans und den Pannen im mühsamen Alltag und auch um den subversiven, kritischen Einsatz der abstrakten Kommunikation.

Bei der Betrachtung von 150 Jahren Karikatur zur Telekommunikation läßt sich der Wandel im Umgang mit diesen Medien verfolgen. Von dem ersten Staunen, dem allmählichen Herantasten bis zum Erkennen des spezifischen Telephonwitzes vergingen einige Jahre. Das Telephon wurde in den 20er Jahren zum Statussymbol für Chefschreibtische und zum Ärgernis, mit dem jederzeit in die Privatsphäre eingebrochen werden konnte, es transzendierte zum guten Draht nach Oben, und der Witz vom Warten vor dem Telephonhäuschen füllte viele Illustriertenseiten während der 50er und 60er Jahre. Das Telephon fand Eingang in die Literatur. Jean Cocteau schuf mit seinem 1930 erstmals aufgeführten Theatermonolog „Die geliebte Stimme", in dem sich am Schluß die verlassene Geliebte mit dem Telephonkabel, das die akustische Verbindung zu dem geliebten Mann darstellte, stranguliert, einen Topos, den manche Karikaturisten wort- und bildspielerisch aufgreifen: er/sie hat aufgehängt, er/sie hat sich aufgehängt. „Wer schreibt, der bleibt, wer spricht, nicht", sagt das Sprichwort, und was am Telephon gesprochen wird, ist vergänglich. Salomon Friedlaender ließ 1918 in einer seiner skurrilen Geschichten einen Apparat erfinden, mit dem Tonschwingungen, die ja bekanntlich nicht verschwinden, wieder hörbar werden. Goethes Stimme konnte so in seinem Weimarer Haus zum Klingen gebracht werden.[3] In einer „Mischung der schärfsten Logik mit der ansprechendsten Art der Verrücktheit" (Tucholsky über Friedlaender) polemisierte Friedlaender nicht nur gegen den Geniekult um Goethe, sondern auch gegen den Mythos von „Alles ist machbar" und die Vorstellung, technische Innovationen wären der alleinige Motor der Geschichte.

Was hätte Friedlaender wohl geschrieben über den neuesten Service der staatlichen israelischen Telephongesellschaft Bezeq, die seit dem 20. 1. 1993 eine hotline an die Klagemauer legen ließ? Seit alters her werden handgeschriebene Zettel mit Gebeten und Wünschen — Kwitl genannt — von Gläubigen in die Ritzen der Mauer des alten, von den Römern zerstörten Tempels in Jerusalem gestopft. Die neue Technik macht es jetzt auch Gläubigen in allen Teilen der Welt möglich, diese Bitten per Fax nach Jerusalem zu schicken, ein Bezeq-Angestellter steckt die Faxzettel in die Ritzen der Mauer und so ist der direkte Draht nach Oben hergestellt. Eine katholische Kirche in Großbritannien soll die Idee mit dem Fax aufgenommen haben und die Beichte per Fax abnehmen.[4] Der Glaube an die Allmacht der Technik ist grenzenlos.

Die Vision des jederzeit an- und abrufbaren Individuums ist für Karikaturisten kein Alptraum. Zwar werden auch Ärger und Angst, Abhängigkeit und Störung visualisiert. Doch nicht die Darstellung einer bekannten Stimmung ist Gegenstand der Karikaturen, sondern der kleine Schritt daneben, die eine Umdrehung zuviel im gewohnten Kreislauf, die Überraschung, das Zusammenbringen scheinbar widersprüchlicher Elemente. Karikaturen sollen Zweifel an alltäglichen Sichtweisen erwecken, sie sollen die Spinnweben aus dem Gehirn blasen, sie sollen zum Widerspruch reizen, vor allem aber sollen sie Spaß machen.

Bei dem Versuch einer Begriffsbestimmung von Karikatur und Satire und dem was eine gute Karikatur ausmacht, bzw. warum eine andere schlecht ist, haben sich schon viele die Finger verbrannt, deshalb soll ein Karikaturist, der um die Schwierigkeiten des Zeichnens und Schreibens weiß, das abschließend verunsichernde Schlußwort bekommen: „Eine Karikatur ist noch lange nicht schlecht, weil man nicht über sie lacht, aber sie ist auch nicht deshalb gut, weil man über sie lacht."[5]

1
Gianni Rodari, Favole al Telefono, Torino 1962

2
Ausst.-Kat. Kurt Halbritter, Hannover, 1966, S. 12

3
Mynona (i. e. Salomon Friedlaender), Goethe am Phonographen, Berlin 1918

4
Dank an Horst Kalbus vom ZDF für diese Information

5
Kurt Halbritter, a. a. O.

Vereiste Freileitungen
um 1920

Telegraphie

1
anonym
Opposition Telegraphs
1798

In die Ferne schreiben

Die Französische Revolution von 1789 beschleunigte in vielerlei Hinsicht viele Entwicklungen. Mit dem gewaltsamen Ende der Monarchie, der Aufhebung der Leibeigenschaft u.a. beschleunigte sie das Ende des Feudalismus, mit der Verkündung der Menschenrechte trieb sie die Verbreitung freiheitlicher und egalitärer Ideen voran, und mit der Erfindung des Chappschen Apparates beschleunigte sie das Nachrichtenwesen. Der republikanisch gesinnte Geistliche Claude Chappe verbesserte mit seinen Brüdern einen optischen Telegraphen mittels welchem Nachrichten über große Strekken übertragen werden konnten. Die ersten Versuche schon waren so erfolgreich, daß 1793 eine Linie von Paris nach Lille errichtet wurde, weitere Linien folgten bald danach.

Die Stationen des Chappe-Telegraphen bestanden aus meist eigens errichteten Häuschen mit einem fünf Meter hohen Mast, auf dessen Spitze befand sich ein drehbar gelagerter Balken von etwa viereinhalb Metern. An seinen beiden Enden bewegten sich zwei kürzere zwei Meter lange Balken. Mittels Kurbeln, Rollen und Seilzügen im Inneren des Gebäudes konnten diese Balken bewegt werden; 196 geometrische Konfigurationen waren möglich. Dieser Telegraph diente ausschließlich dem staatlichen und militärischen Nachrichtenverkehr. Ein besonderer Code, der nur durch Wörterbücher dechiffriert werden konnte, schützte vor der Lesbarkeit durch Unbefugte.

Rodolphe Toepffer aus Genf, der Literat satirischer und gelehrter Geschichten, der unermüdliche Zeichner menschlicher Physiognomien und Vater des Comics, der von Goethe ermuntert wurde, seine Bildergeschichten zu veröffentlichen, schrieb und zeichnete die einzige komische Geschichte, in der ein optischer Telegraph eine wichtige Funktion für den Verlauf und die Beschleunigung der Erzählung besitzt. In Gang gerät die Bildergeschichte durch einen Windstoß, der fünf Personen und einen Hund kunterbund durcheinander bläst. Dadurch gerät eine Ehe in Gefahr, ein verbohrter Wissenschaftler meint, einen neuen Planeten entdeckt zu haben, ein unbedarfter Maler erhofft sich Ruhm. Der Fortgang der Handlung ergibt sich aus einem Mißverständnis zum nächsten Unglück. Die Protagonisten geraten in immer verwickeltere Situationen.

Es ist fast unverzeihlich, aus dieser von Phantasie und Übermut sprühenden Geschichte wenige Bildstreifen herauszulösen. Für unseren Zusammenhang ist das Schicksal eines kleinen Hundes interessant, der durch den Windstoß in die Luft geblasen wird und auf den Balken eines optischen Telegraphen stürzt. Bei dem Versuch, einen festeren Standplatz zu erreichen, bringt der Hund den Telegraphenarm ins Schwanken. „Gleich macht die gan-

2
Rodolphe Toepffer
Monsieur Pencil
1846

ze Telegraphenlinie eine leichte Bewegung. Sofort expedirt das Ministerium der auswärtigen Angelegenheiten Couriere nach allen Richtungen. Sogleich spielen alle fremden Telegraphen um die Wette. Plötzlich strotzen die Zeitungen von Interesse.. Die Politiker sehen einen unheilvollen Bruch zwischen den fünf Mächten voraus. Die dreiprocentigen sind flau. Der Zucker geht herunter. Der Kaffee stockt. Die Werkstätten werden geschlossen, und die Arbeiter rotten sich zusammen. Der Minister kündigt der Kammer an, daß dreimal hunderttausend Mann die Grenze bedrohen." (S.29)

Nach seitenlangen Abenteuern, die den anderen Mitspielern der Geschichte widerfahren, kommt endlich eine Kutsche mit dem Hundebesitzer unter dem Telegraph vorbei. Bei dem Versuch, den Hund von der Stange herunterzuholen, werden die Kutschpferde scheu, stürzen davon, und nun hängen Herr und Hund am Telegraphenbalken und bringen ihn durch ihr Gewicht zum rotieren. „Sogleich spielen alle Telegraphen um die Wette. Die Couriere kreuzen sich." (S.52) Wieder kommt es zu Aufständen. „Die Telegraphenwächter bemerken etwas Auffallendes, weshalb sie das Instrument stark schütteln um es frei zu machen. Die ganze Telegraphenlinie arbeitet ebenfalls stark. Der Minister, dem berichtet wird, daß der Telegraph eine bedenkliche Thätigkeit entwickelt, steigt selbst auf eine Anhöhe, wo er die Ueberzeugung gewinnt, daß die Cholera im Anzug gegen die Hauptstadt ist." (S.58) Endlich lösen sich alle Mißverständnisse und Verwechslungen auf. Herr und Hund werden vom Telegraphen heruntergeholt. „Die Folge davon ist, daß sämmtliche Telegraphen ihren Normalstand wieder annehmen, die Cholera aufhört, und die europäischen Angelegenheiten ruhig ihren Gang gehen." (S. 74)

Auf den ersten Blick glaubt man, ungeordnete Kritzeleien vor sich zu haben. Bei genauer Betrachtung erweist sich, daß Toepffer mit seinem antiakademischen Zeichenstil die Physiognomien der Menschen und Tiere genau akzentuiert. Mit wenigen Strichen gibt er Erstaunen, Angst, Freude und Erleichterung wieder. Am sensationellsten ist die Aufteilung der Blätter: breit angelegte Zeichnungen über eine ganze Seite wechseln mit mehreren schmalen Bildstreifen auf einem Blatt ab. Diese Bildausschnitte verlangsamen, dynamisieren und rhythmisieren den Geschichtsverlauf. In dem kleinen Handlungsausschnitt, der hier interessiert, ergibt sich aus dem ersten Aufprall des Hundes auf dem Telegraphenbalken noch keine weitere Reaktion. Die kleine Bewegung des Hundes aber bringt die Telegraphen zum Schwanken und stürzt das Land fast in ein Chaos. Kommt noch das Gewicht des Hundebesitzers hinzu, geraten die Telegraphen ins Rotieren. Schmale Bildstreifen mit versetzt gezeichneten Telegraphenbalken bewirken den Eindruck von der ungeheuren Geschwindigkeit der Nachrichtenübermittlung und deren Wichtigkeit. Geschwindigkeit und Dynamik wird auch im nächsten Beispiel, in dem die Telegraphenwärter an dem Instrument rütteln, durch schmale Bildstreifen und ausschnitthafte Darstellung der äußeren Telegraphenbalken hervorgerufen. Am Ende dann kehrt langsam Ruhe ein. Das Schlußblatt ist in drei fast gleichgroße Felder geteilt. Die Balken der Telegraphen stehen in ruhiger Waagerechten. Die Nahsicht geht allmählich in Fernsicht und immer größeren Abstand zum Geschehen über.

Der Witz der Geschichte : wenn ein kleiner Hund nur an den richtigen Hebel kommt, dann kann er Börsenkräche, Katastrophen, Revolutionen, Kriege heraufbeschwören und sie wieder verschwinden lassen. Neben allem übermütigen Witz und einer fast aus sich selber von Unglück und Verwechslung weiterstolpernden und hüpfenden Geschichte ist als Unterton das tiefsitzende Mißtrauen gegen Obrigkeit, Untertanengeist und Dummheit zu spüren. Toepffer verspottet auch den Glauben an ein Nachrichtensystem, dem wichtige Botschaften anvertraut werden, obwohl es durch kleinste Eingriffe untauglich gemacht werden kann. Nachrichten selber und die Reaktionen darauf werden ad absurdum geführt.

Acht Jahre später wird wieder ein Telegraph zum Hauptakteur einer politischen Satire. Auf der Kuppel eines fiktiven Gebäudes steht ein als Hampelmann umgestalteter Telegraph, der durch Krone und Orden unschwer als Friedrich Wilhelm IV. zu identifizieren ist. Mit komischen Gebärden kommentiert er die Ereignisse vom 22. Februar bis zum 22. März 1848. Die geglückte Revolution in Paris mit der Ausrufung der Republik erschreckte die europäischen Monarchen zutiefst. Glaubte der preußische König anfänglich, das Unheil mit vagen Zugeständnissen abwenden zu können, wurden die Forderungen nach Pressefreiheit, Wahlen und politischer Machtbeteiligung der Bourgeoisie und des Proletariats immer lauter und in einigen Fürstentümern auch angenommen. Je nach Nachricht schwankt der König zwischen Schrecken, hämischer Genugtuung, diebischer Freude und Entsetzen, bis am Schluß die Telegraphenfigur auseinanderbricht und das Volk die Initiative übernimmt.

Mit dem langen Mast und den horizontal liegenden Balken hat der Chappsche Telegraph durchaus anthropomorphe Züge. In der Bildergeschichte des Telegraphen von 1848 fügt der anonyme Zeichner noch eine weitere Bedeutungsebene hinzu, indem er aus der Figur einen Hampelmann herausarbeitet. Der preußische König wird als Marionette entlarvt, an der andere Kräfte die Fäden ziehen.

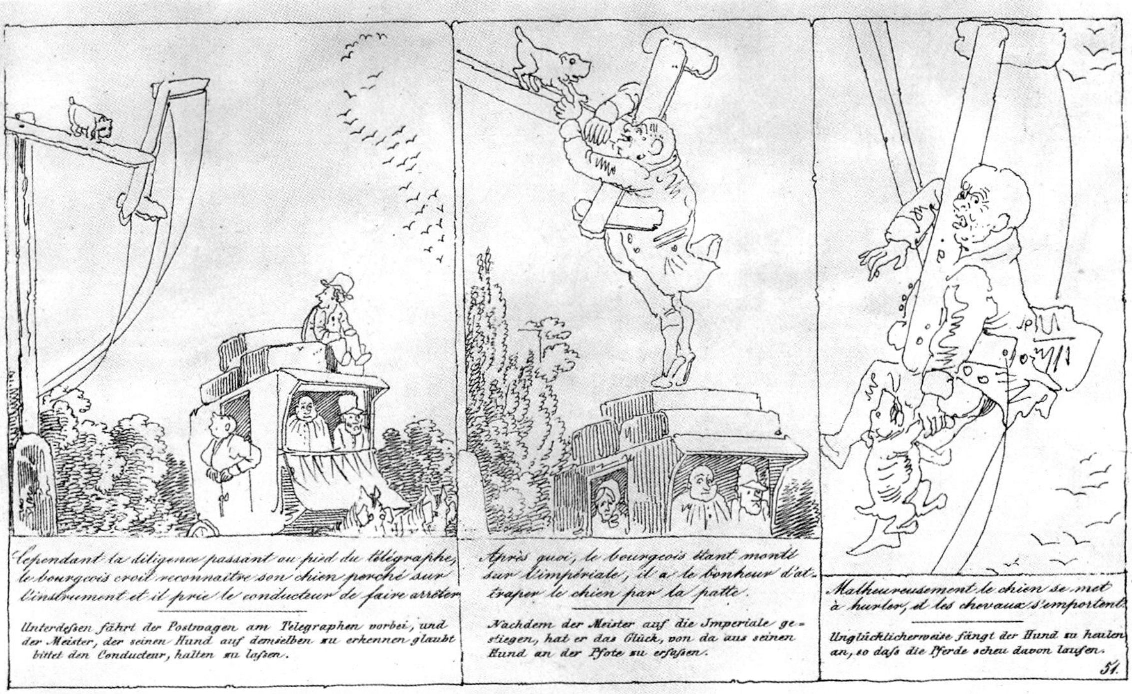
Cependant la diligence passant au pied du télégraphe, le bourgeois croit reconnaître son chien perché sur l'instrument et il prie le conducteur de faire arrêter
Unterdeßen fährt der Postwagen am Telegraphen vorbei, und der Meister, der seinen Hund auf demselben zu erkennen glaubt bittet den Conducteur, halten zu laßen.
Après quoi, le bourgeois étant monté sur l'impériale, il a le bonheur d'attraper le chien par la patte.
Nachdem der Meister auf die Jmperiale gestiegen, hat er das Glück, von da aus seinen Hund an der Pfote zu erfaßen.
Malheureusement le chien se met à hurler, et les chevaux s'emportent.
Unglücklicherweise fängt der Hund zu heulen an, so daſs die Pferde scheu davon laufen.
51.

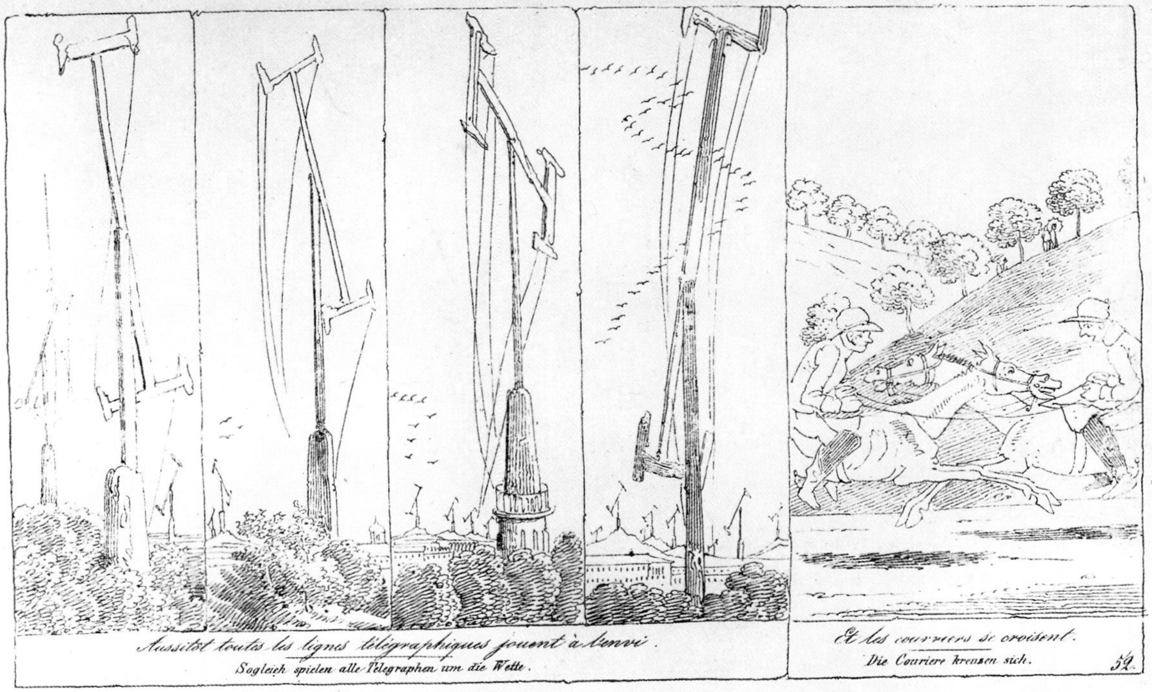
Aussitôt toutes les lignes télégraphiques jouent à l'envi.
Sogleich spielen alle Telegraphen um die Wette.
Et les courriers se croisent.
Die Couriere kreuzen sich.
52.

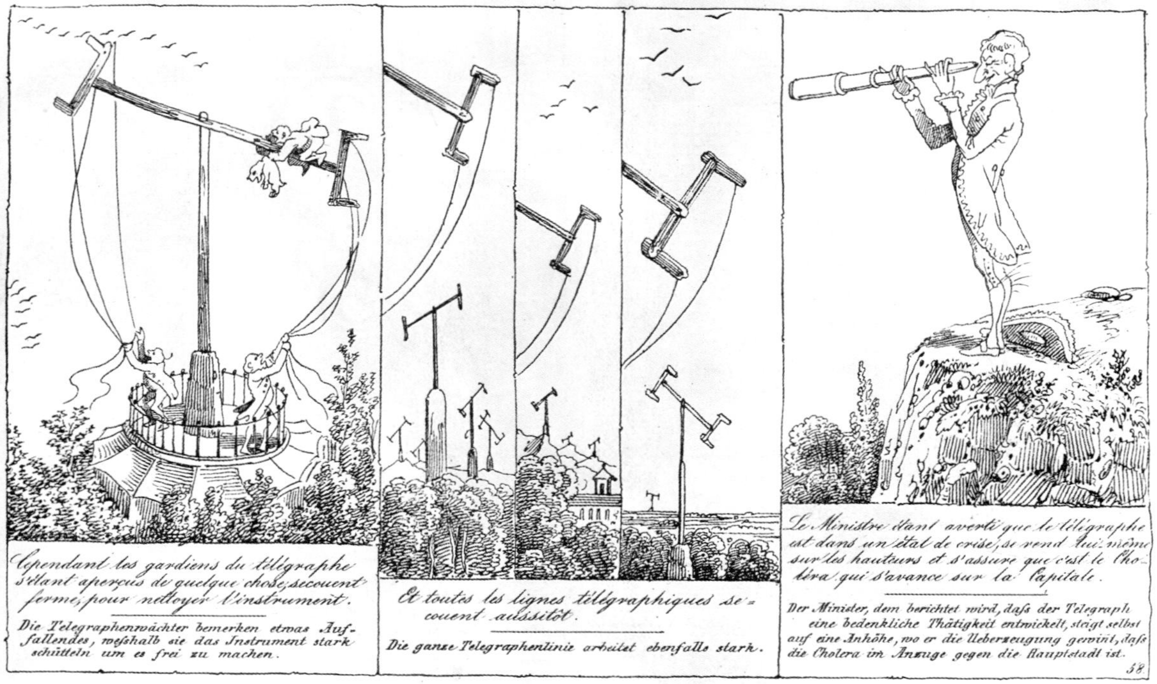
Cependant les gardiens du télégraphe s'étant aperçus de quelque chose, secouent ferme, pour nettoyer l'instrument.
Die Telegraphenwächter bemerken etwas Auffallendes, weſshalb sie das Instrument stark schütteln um es frei zu machen.
Et toutes les lignes télégraphiques se= couent aussitôt.
Die ganze Telegraphenlinie arbeitet ebenfalls stark.
Le Ministre étant averti que le télégraphe est dans un état de crise, se rend lui-même sur les hauteurs et s'assure que c'est le Choléra qui s'avance sur la Capitale.
Der Minister, dem berichtet wird, daſs der Telegraph eine bedenkliche Thätigkeit entwickelt, steigt selbst auf eine Anhöhe, wo er die Ueberzeugung gewinnt, daſs die Cholera im Anzuge gegen die Hauptstadt ist.
58

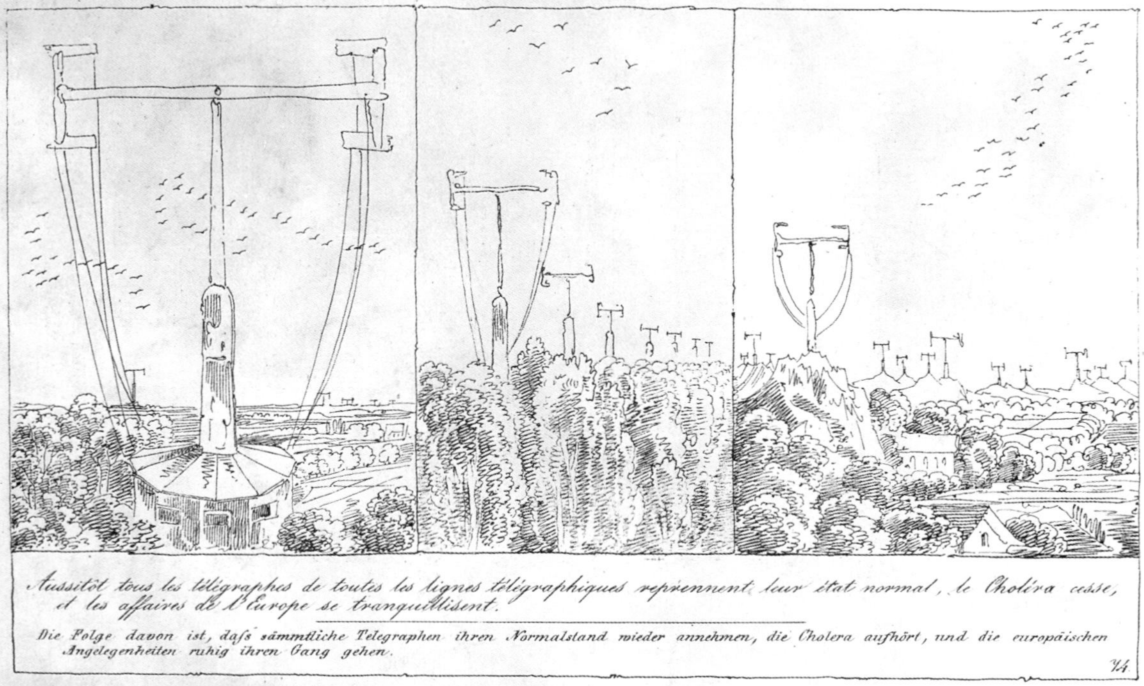
Aussitôt tous les télégraphes de toutes les lignes télégraphiques reprennent leur état normal, le Choléra cesse, et les affaires de l'Europe se tranquillisent.
Die Folge davon ist, daſs sämmtliche Telegraphen ihren Normalstand wieder annehmen, die Cholera aufhört, und die europäischen Angelegenheiten ruhig ihren Gang gehen.
74

4
Gavarni
Dépèche Télégraphique
1842

Am 22. Februar. „Alles ist ruhig."

Am 23. Februar. „In Paris ist eine Emeute ausgebrochen."

Am 24. Februar. „Man meldet aus Paris: die Revolution hat gesiegt. Der König und die königliche Familie sind geflüchtet. Die Republik ist proklamirt."

Am 1. März. „Der deutsche Bund wendet sich vertrauensvoll ans deutsche Volk, und will Deutschland auf die Stufe heben, die ihm gebührt."

Am 2. März. „Gestern wogten eine Menge Mannheimer Bürger nach Carlsruhe, um revolutionäre Forderungen zu ertrotzen. Die Forderungen sind heute bewilligt. Die Mainzer begeben sich in gleicher Absicht schaarenweise nach Darmstadt."

Am 3. März. „Der Bundestag bewilligt Preßfreiheit unter Garantien."

Am 4. März. „Nassau u. Hessendarmstadt bewilligen die revolutionären Forderungen."

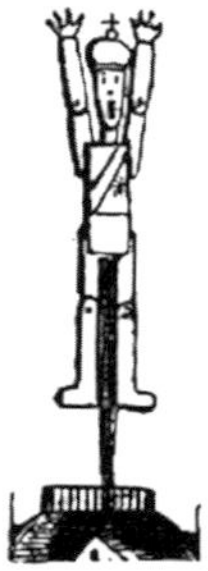

Am 6. März. „Sigmaringen bewilligt Reformen ohne Erlaubniß des Bundes!!!"

Am 8. März. „Würtemberg gibt Reformen, wechselt das Ministerium im Sinne der Demagogen; dort Alles verloren. Hamburg bewilligt Preßfreiheit ohne Garantien."

Am 10. März. „Hanau ist verbarrikadirt. Die Bürger rüsten gewaltig, um gegen Kassel zu ziehen."

Am 11. März Morgens. „Hessen-Kassel bewilligt die Forderungen der Hanauer."

Am 11. März Abends. „Die preußischen Truppen ziehen sich bei Halle zusammen, um die revolutionären Bestrebungen in Sachsen niederzuhalten."

3
anonym
Der Telegraph
1848

23

Der Telegraph

S. Seh' mal Fritze, die Tele von Jrafen! Wie der immer Faxen macht, bald hierhin, bald dahin! Herrjees, jetzt schlägt er die Hände über'n Kopp zusammen! Na, da is jewiß wieder Revolution in Frankreich!

F. I Gott bewahre, unser Telejraph, der sagt jar nischt Wichtiges. Sehste, da schlägt er schon wieder die Hände über'm Kopp zusammen! Ihn friert hier bei die warme Volkstreue

Adolf Brennglas, Berliner Volksleben, Leipzig 1851, 3. Band, S. 335

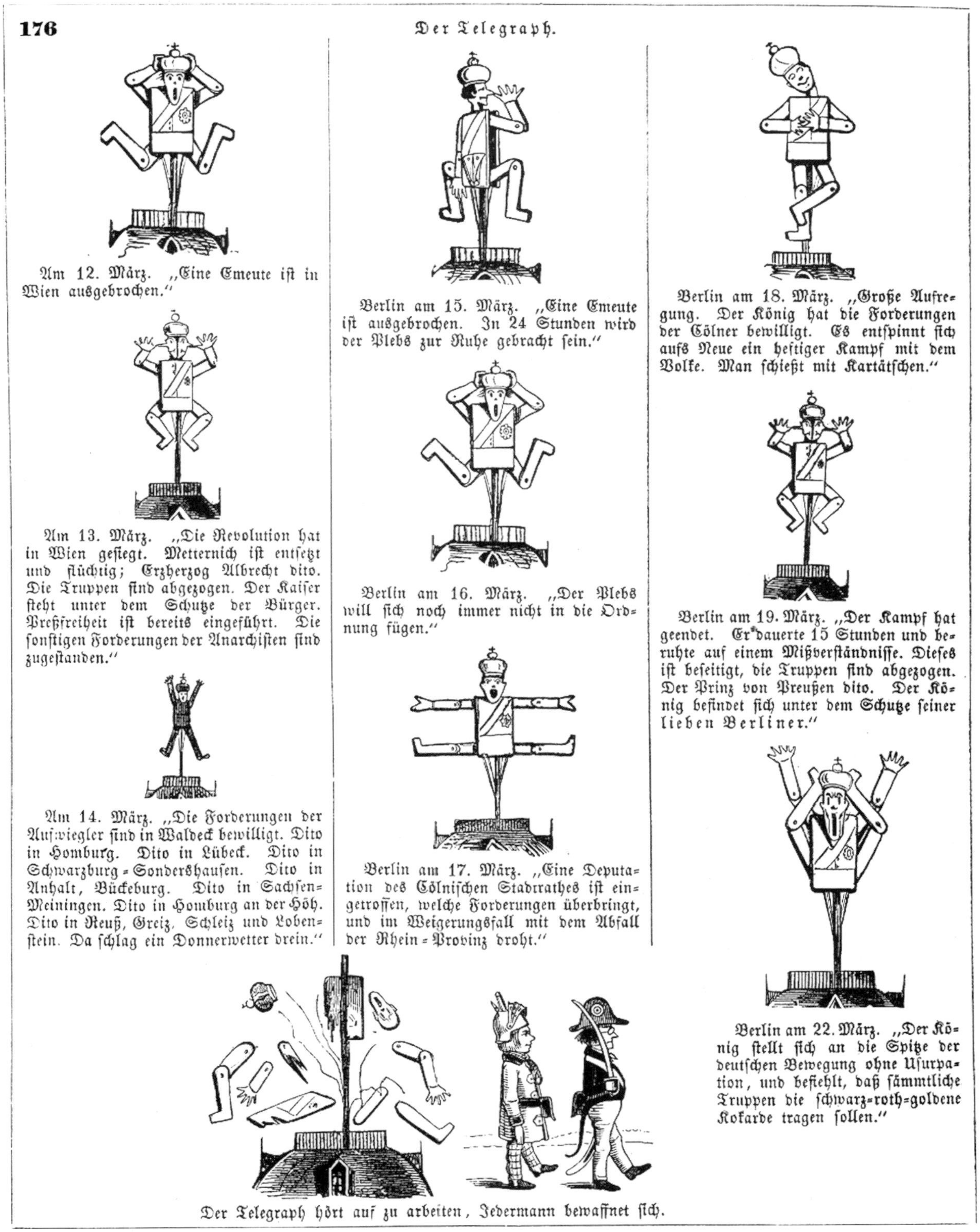
176 Der Telegraph.

Am 12. März. „Eine Emeute ist in Wien ausgebrochen."

Am 13. März. „Die Revolution hat in Wien gesiegt. Metternich ist entsetzt und flüchtig; Erzherzog Albrecht dito. Die Truppen sind abgezogen. Der Kaiser steht unter dem Schutze der Bürger. Preßfreiheit ist bereits eingeführt. Die sonstigen Forderungen der Anarchisten sind zugestanden."

Am 14. März. „Die Forderungen der Aufwiegler sind in Waldeck bewilligt. Dito in Homburg. Dito in Lübeck. Dito in Schwarzburg-Sondershausen. Dito in Anhalt, Bückeburg. Dito in Sachsen-Meiningen. Dito in Homburg an der Höh. Dito in Reuß, Greiz, Schleiz und Lobenstein. Da schlag ein Donnerwetter drein."

Berlin am 15. März. „Eine Emeute ist ausgebrochen. In 24 Stunden wird der Plebs zur Ruhe gebracht sein."

Berlin am 16. März. „Der Plebs will sich noch immer nicht in die Ordnung fügen."

Berlin am 17. März. „Eine Deputation des Cölnischen Stadtrathes ist eingetroffen, welche Forderungen überbringt, und im Weigerungsfall mit dem Abfall der Rhein-Provinz droht."

Berlin am 18. März. „Große Aufregung. Der König hat die Forderungen der Cölner bewilligt. Es entspinnt sich aufs Neue ein heftiger Kampf mit dem Volke. Man schießt mit Kartätschen."

Berlin am 19. März. „Der Kampf hat geendet. Er dauerte 15 Stunden und beruhte auf einem Mißverständnisse. Dieses ist beseitigt, die Truppen sind abgezogen. Der Prinz von Preußen dito. Der König befindet sich unter dem Schutze seiner lieben Berliner."

Berlin am 22. März. „Der König stellt sich an die Spitze der deutschen Bewegung ohne Usurpation, und befiehlt, daß sämmtliche Truppen die schwarz-roth-goldene Kokarde tragen sollen."

Der Telegraph hört auf zu arbeiten, Jedermann bewaffnet sich.

Menueplan anläßlich der
Fertigstellung des Teilstückes
Frankfurt a. M. – Kiel
des Reichstelegraphen-
Untergrundkabels
1877

Der singende Draht

„Während all der Tausende und vielleicht Hunderttausende von Jahren, seit das sonderbare Wesen, genannt Mensch, die Erde beschreitet, hatte kein anderes Höchstmaß irdischer Fortbewegung gegolten als der Lauf des Pferdes, das rollende Rad, das geruderte oder segelnde Schiff. Alle die Fülle des technischen Fortschritts innerhalb jenes schmalen, vom Bewußtsein belichteten Raumes, den wir Weltgeschichte nennen, hatte keine merkbare Beschleunigung im Rhythmus der Bewegung gezeitigt. Die Armeen Wallensteins kamen kaum rascher vorwärts als die Legionen Cäsars, die Armeen Napoleons brachen nicht rapider vor als die Horden Dschingis-Khans, die Korvetten Nelsons durchquerten das Meer nur um weniges rascher als die Raubboote der Wikinger und die Handelsboote der Phönizier... Unverändert weit liegen die Länder in Raum und Zeit voneinander geschieden im Zeitalter Napoleons wie unter dem römischen Imperium; noch obsiegt der Widerstand der Materie über den menschlichen Willen... Erst das neunzehnte Jahrhundert verändert fundamental Maß und Rhythmus der irdischen Geschwindigkeit... Aber so triumphal auch von den Zeitgenossen diese neuen Beschleunigungen durch die Eisenbahn und das Dampfboot empfunden werden, diese Erfindungen liegen immerhin noch im Bereich der Faßbarkeit... Völlig unvermutet aber in ihren Auswirkungen erscheinen die ersten Leistungen der Elektrizität, die, ein Herkules schon in der Wiege, alle bisherigen Gesetze umstößt, alle gültigen Maße zertrümmert. Nie werden wir Späteren das Staunen jener Generation über die ersten Leistungen des elektrischen Telegraphen nachzufühlen vermögen, die ungeheure und begeisterte Verblüffung, daß ebenderselbe kleine, kaum fühlbare elektrische Funke, der gestern von der Leidener Flasche gerade noch einen Zoll weit bis zum Fingerknöchel hinüberzuknistern vermochte, mit einmal die dämonische Kraft gewonnen hat, Länder, Berge und ganze Erdteile zu überspringen... Erst durch diese Entdeckung hat die Relation von Raum und Zeit die entscheidenste Umstellung seit Erschaffung der Welt erfahren."[1]

In erstaunlich kurzer Zeit wurden die technischen Erkenntnisse praktisch umgesetzt und genutzt. 1844 wurde die erste größere elektrische Telegraphenlinie der USA zwischen Washington und Baltimore, Maryland, errichtet. 1845 wurde ein Mörder auf seiner Flucht erkannt, als er auf einen anfahrenden Eisenbahnzug sprang. Mit Hilfe des Bahn-Telegraphen kamen Beschreibung und Haftbefehl vor Ankunft des Zuges in Paddington an, so daß der Mörder dort gefasst werden konnte. 1846 wurde die erste belgische Telegraphenlinie Brüssel — Antwerpen in Betrieb genommen. 1849 war die

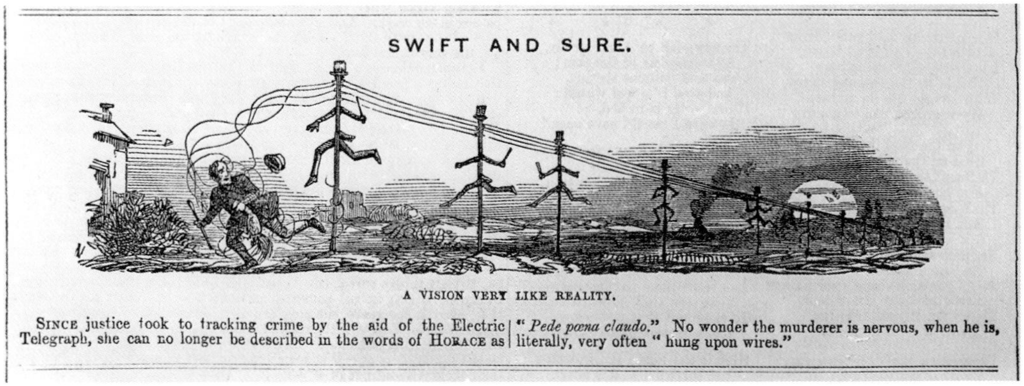
SWIFT AND SURE.

A VISION VERY LIKE REALITY.

SINCE justice took to tracking crime by the aid of the Electric Telegraph, she can no longer be described in the words of HORACE as "*Pede pœna claudo.*" No wonder the murderer is nervous, when he is, literally, very often "hung upon wires."

Schnell und sicher
Punch
1849

elektrische Telegraphenlinie Berlin — Frankfurt a. M. und Berlin — Köln bis an die belgische Grenze betriebsfertig. Die erste offizielle Nachricht von Frankfurt nach Berlin war die Wahl Friedrich Wilhelm IV. zum Erbkaiser von der in der Paulskirche tagenden Nationalversammlung. Depeschen haben seither den Verlauf der Geschichte in vielerlei Hinsicht mitgeprägt. So spielte der Telegraphist Adjunkt Brummer bei der Entmachtung des bayerischen König Ludwig II. 1886 durch Umleitung von Depeschen aus Hohenschwangau nach München an den Minister von Crailsheim eine entscheidende Rolle.[2] Die verkürzte und dadurch verschärfte Fassung der „Emser Depesche", von Bismarck in der Presse veröffentlicht, führte zum Ausbruch des deutsch-französischen Krieges 1870/71.

Bei den ersten spektakulären transkontinentalen und transatlantischen Kabelverlegungen glaubten Erbauer und Politiker noch an eine friedenstiftende Verbindung via Kabel. In den Depeschen, die zwischen der englischen Königin und dem amerikanischen Präsidenten 1858 mittels des ersten Unterseekabels zwischen Europa und Amerika ausgetauscht wurden, hieß es u.a.: „It is a triumph more glorious, because far more useful to mankind, than was ever won by conqueror on the field of battle."[3]

Das erste transatlantische Kabel war nur kurze Tage in Funktion. Doch unbeirrt von dem Mißlingen wurde ein zweiter, erfolgreicher Anlauf 1866 unternommen. Mitten im „siebentägigen" Krieg und ein Jahr nach Beendigung des amerikanischen Bürgerkrieges kam mit dem „die ganze Erde umfassenden elektrischen Band" die Vision einer „friedlichen Eroberung" der Welt auf, eine weltumspannende Kommunikation erschien als bester Garant für einen künftigen Weltfrieden.

In einer Karikatur aus dem englischen „Punch" unterstützt auch Neptun, der Herrscher der Meere, das Menschenwerk. Er ermahnt die Meerjungfrauen, nicht am Kabel zu turnen, da die Alte und die Neue Welt sich unter dem Meer die Hand reichen, freier Handel die Menschen friedlich zusammenbringt. In dem zugehörigen Gedicht heißt es in dem Schlußvers:

Doubt, distrust, envy, hatred, and
malice,
All will vanish; peace, goodwill,
appear;
So avast, there, you Polly and Alice,
And mind that 'ere cable's kept clear!

FATHER NEPTUNE USES THE ATLANTIC TELEGRAPH AS A CLOTHES LINE.

Vater Neptun benutzt den atlantischen Telegraph als Wäscheleine
Punch
1858

A WORD TO THE MERMAIDS.

NEPTUNE. "AHO-O-O-O-OY, THERE! GET OFF O' THAT 'ERE CABLE, CAN'T YER—THAT'S THE WAY T'OTHER ONE WAS WRECKED!!!"

5
anonym
Ein Wort zu den Meerjungfrauen
1865
Neptun :" Ahooooi, Ihr da! Geht von dem Kabel weg, hört Ihr — auf die Art sind andere gescheitert !!"

Der untere Broadway
in New York
im Jahre 1887

Auch in anderen Karikaturen fördert Neptun die unterseeische Kabelverlegung: er traut das Paar Amerika und Europa und hilft beim Auffinden des verlorengegangenen ersten Kabels. Die größte Bedrohung der transatlantischen Verbindung lag in dem unkalkulierbaren Risiko der Naturgewalt Wasser, den unbekannten unterseeischen Strömungen und Untiefen. Fast beschwörend wird die mythologische Gestalt des Neptun zu Hilfe gerufen, damit das kühne Projekt gelingt.

Die anachronistische Verbindung des sagenhaften Neptun mit der neuesten, rationalen Technik zeigt ein Problem, vor dem die Karikaturisten — und nicht nur sie — standen: es galt, der unsichtbaren, unbegreifbaren Elekrizität, die alle bisherigen Erfahrungen von räumlichen und zeitlichen Entfernungen aufhob, eine Gestalt zu geben. Für die Karikaturisten ist es dabei wichtig, Bilder von allgemeiner, und auf den ersten Blick verständlicher Einprägsamkeit und gleichzeitig überraschender Verunsicherung zu finden.

Im amerikanischen Bürgerkrieg (1861 — 1865) wurden in beiden Armeen Telegraphen-Corps gegründet. Der „Standartenträger der Confőderierten General Stuart", im englischen Satireblatt „Punch" veröffentlicht, stellt ein Konglomerat alter und neuer Bildformen dar. Er ist in der Pose des traditionellen Herrscherbildes zu Pferd dargestellt, doch sein Kopf besteht aus dem Kasten des Zeigertelegraphen, seine Standarte ist ein Telegraphenmast, statt einer Fahne flattern die Drähte im Wind. Jetzt ist nicht mehr das persönliche Verdienst oder die ererbte Macht maßgeblich für den Erfolg, sondern die neuen Techniken verhelfen zum Sieg. Ein Maschinenmensch oder eine Menschenmaschine, dem — wie die aufgehende Sonne des Fortschritts im Hintergrund suggeriert — die Zukunft gehört.

Auch die andere Karikatur aus dem „Punch" benutzt eine altbekannte Figur. Der Titel und die Haltung des „Rhodes-Colossus" beinhaltet in der Anspielung auf den sagenhaften Koloß von Rhodos — einem der sieben Weltwunder — , welcher mit ausgespreizten Beinen über der Mündung des Hafens gestanden haben soll, sowohl Anerkennung der technischen Leistung als auch Kritik an Cecil Rhodes. Mit einem immensen Vermögen ausgestattet, das er sich durch die gnadenlose Ausbeutung der südafrikanischen Diamantenfelder erwarb, gab er im Dezember 1892 bekannt, er plane entweder mit Hilfe von Freunden oder alleine, die telegraphische Verbindung von Kapstadt bis Kairo. Damit wäre die perfekte Einflußnahme und Überwachung der englischen Kolonien in Afrika aber auch sein eigener Machtanspruch gesichert. In der großspurigen Pose des Siegers überspannt Rhodes mit einem einzigen Riesenschritt als ko-

Und der Singende Draht zieht seines beschwerlichen Weges...

lossaler Telegraphenmast den afrikanischen Kontinent und hat dabei alle Fäden in der Hand.

Der Koloß von Rhodos soll nur 55 Jahre gestanden haben, als ein Erdbeben ihn einstürzen ließ.

Zu Beginn des Jahres 1861 endete die telegraphische Überlandleitung im Westen Amerikas in Carson City, Nevada, und im Osten in Omaha, Nebraska. Die verwegenen Reiter des Pony-Expreß transportierten zu Pferd Briefe und andere Nachrichten zwischen diesen beiden Endstationen. Beunruhigt durch den Beginn des Sezessionskrieges gab der amerikanische Präsident Abraham Lincoln 1861 den Auftrag, die noch fehlende Verbindung von 2560 Kilometern legen zu lassen.

Lucky Luke, „der Mann, der schneller zieht als sein Schatten", der glorreiche Held in vielen Abenteuern, siegreich in zahllosen Duellen, Schrecken aller Viehdiebe und Falschspieler, bekommt von Morris und Goscinny den Auftrag, die Arbeiten vom westlichen Ausgangspunkt der Telegraphenleitung bis zu dem vorgesehenen Treffpunkt beider Linien in Salt Lake City zu überwachen. „Es geht also über die Shoshone Mountains, durch den Reese River nach Austin, Nevada, über noch ein paar Berge, durch die Salzwüste und schließlich nach Salt Lake City. Eigentlich ein Spaziergang", erklärt der ewig optimistische James Gamble, Ingenieur der Western Union, Lucky Luke. Natürlich wird das Unternehmen kein Spaziergang, da die Shoshonen gegen den „singenden Draht" das Kriegsbeil ausgegraben haben, naturbedingte Hindernisse wie Treibsand, Felsstürze, Präriefeuer, Tiere und ein Saboteur ständig für Abwechslung sorgen. Zwischen all diesen Vorfällen bleibt Zeit, um beim Essen über den Nutzen des elektrischen Telegraphen zu philosophieren: „Und eines Tages ist es dann möglich, von New York nach San Francisco zu telegrafieren: geben Sie mir eben mal das Salz rüber, ja?" Weil es so viele tüchtige Arbeiter an der Telegraphenlinie gibt, „werden die Vereinigten Staaten zu einer ungeheuren Tafelrunde, an der sich alle Bürger beteiligen können!" Am 24. Oktober 1861 kann Stephen J. Field, oberster Richter von Kalifornien, die erste transkontinentale Botschaft an Präsident Lincoln nach Washington senden.

1
Stephan Zweig, Das erste Wort über den Ozean, in: Sternstunden der Menschheit. Frankfurt a. M., 1977, S. 113 f.

2
Ausst.-Kat. Leben und Arbeiten im Industriezeitalter. Nürnberg 1985, Kat. Nr. 4/ 16

3
Henry M. Field, The story of the Atlantic Telegraph. New York 1893, S. 199

Die Arbeit in der unermeßlichen Weite geht gut und ziemlich rasch vorwärts...
Bleichgesichter machen komische Zäune...
HUK! Draht zu hoch! Rinder können drunter durch!
Essen fertig!
KLING KLONG
Mr. Gamble, ich hab' nicht genug Salz mitgenommen! Bald ist keins mehr da!
Macht nichts, Pots! Wir telegrafieren nach Carson City! Die schicken uns welches!
12A
Und eines Tages ist es dann möglich, von New York nach San Francisco zu telegrafieren: geben Sie mir eben mal das Salz rüber, ja?
Weil es solche Leute wie Sie gibt, werden die Vereinigten Staaten zu einer ungeheuren Tafelrunde, an der sich alle Bürger beteiligen können!
Nette Vorstellung, das! Sie geraten genauso ins Schwärmen wie ich!
Jetzt aber Schluß! Morgen müssen wir das erste echte Hindernis überwinden, nämlich die Shoshone Mountains!
Und in der Nacht...
...hat der Optimist James Gamble die merkwürdigsten Träume...
Vereinigte Staaten... große Familie... Tafelrunde...
WENN DU SUPPE NICHT ISST STOP PAPI NIMMT POSTKUTSCHE UND VERHAUT DIR POPO STOP
BIP... BIP... BIP...
12B

THE DIVER IN SEARCH OF THE ATLANTIC CABLE GETS INTO HOT WATER.

6
Georges du Maurier
Auf der Suche nach dem verlorenen Kabel gerät der Taucher in eine brenzlige Situation
1866

8
anonym
General Stuart Standartenträger
der Konföderierten
1863

33

THE STANDARD BEARER TO THE CONFEDERATE GENERAL STUART.

266 PUNCH, OR THE LONDON CHARIVARI. [DECEMBER 10, 1892.

THE RHODES COLOSSUS

STRIDING FROM CAPE TOWN TO CAIRO.

9
anonym
Der Rhodes Koloß
1892

10
Bruno Paul
Der Hofnarr
1903

Der Hofnarr

(Zeichnung von Bruno Paul)

„Die ernsten Einfälle von heut' sind lustiger wie unsere alten Späße."

12
Julius Diez
Die Post der Zukunft
1897

11
Eugen Kirchner
Morseapparat
um 1900

15
anonym
Telegraphenarbeiter
um 1920

39

16
Freimut Wössner
Telegraphenarbeiter
1987

17
G. Nielsen
Der Gegner der Civilisation
um 1880

Der Telegraphenfresser

Im Pariser „Figaro" erschien ein launiger Artikel mit dem Titel „Les Mangeurs des Télégraphes" von Max de Nansouty, den das „Archiv für Post und Telegraphie" 1892 in deutscher Übersetzung abdruckte.

„Der Telegraphendraht ist der Ariadnefaden im Labyrinthe des Fortschritts. Seitdem der Culturmensch irgendwo landet, um tief ins Unbekannte einzudringen, in Asien, in Afrika, in Amerika, trägt er dafür Sorge, hinter sich die Telegraphenstangen aufzurichten und den Leitungsdraht abzurollen, durch den er sein bedeutungsvolles Tick-Tack in die Welt schickt. Unsere Telegraphenstangen gleichen den Papierschnitzeln, die Däumling im Märchen auf die Straße warf, um den Weg wiederzufinden.

Aber kaum sind die Stangen gesetzt, kaum ist der Draht an ihnen befestigt, so stürzt auch von allen Seiten ein gieriger Schwarm von Feinden herbei, um die Linie zu zerstören, im Wetteifer, wer zuerst ein kleines Stück herausreissen, den Draht durchschneiden, die Stangen aushöhlen wird. An diesem schonungslosen Kampfe betheiligen sich um die Wette Menschen, Thiere, Pflanzen, ja die Natur selbst mit Sturm, Regen und Blitz, um den menschlichen Gedanken daran zu verhindern, dass er in die Ferne enteilt."

Die Isolatoren aus weißem Porzellan wurden oft als Zielscheibe für Steinwürfe benutzt oder abgeschraubt und als Kaffetasse verwendet. Der eiserne Leitungsdraht konnte als Zauneinfassung, kupferner zu Schmuckstücken umgewandelt werden. Auch Telegraphenmasten fanden vielseitige Verwendung: hölzerne als Brennmaterial, eiserne als Waffen, hohle Stangen ergaben gute Wasserleitungen.

In Ostindien müssen ganz besonders dicke Drähte verwendet werden, da Affen gerne auf ihnen turnen. In Natal hängen Webervögel ihre kunstvollen Nester mit Vorliebe an Telegraphenleitungen. In Australien ist die weiße Ameise verhängnisvoll für die Masten, die vollständig von innen ausgehöhlt werden. In Norwegen sind es Spechte, die durch das Tönen in den Drähten verleitet werden an Insekten zu denken und tiefe Löcher in die Masten bohren.

„Unsere Freunde, die Bären, haben noch in keinem Lande begreifen können, dass durch das Tönen in den Stangen nicht die Anwesenheit eines Bienenstockes im Gipfel bekundet wird. Sie belagern also die Stange, unterwühlen sie am Fusse und stürzen sie um, damit sie in den Besitz des vermutheten Honigs gelangen. . . Wenn man diesen hartnäckigen Kampf der Natur, der Menschen, der Thiere. . . gegen die Telegraphenlinien betrachtet, so fragt man sich, wie der Gedanke unmerkbar und fließend nach allen Richtungen hin die Welt durcheilen kann auf diesen kleinen und so wenig sicheren Eisenstraßen. Nichtsdestoweniger gelangt er zum Ziel, dank der Penelope-Arbeit, die unaufhörlich zerstört und immer wieder hergestellt wird. Immer mehr erweitert und verstärkt sich das leichtgewebte Netz menschlichen Verkehrs, während von einem Bezirk zum anderen die Telegraphisten geschäftig nach rechts und links rennen, und — wie es die Schäferhunde für die Heerde thun — die in die Ferne verirrten Worte ins Gehege zurückbringen."

Mit diesen poetischen Worten beschreibt der Verfasser die Diskrepanz von Natur und Technik, erhebt sich der kluge Erfinder nützlicher Technik über die unverständige Dummheit von Naturvölkern und Tieren und weiß sich trotz mühevollem Kampf am Ende als Sieger. So bekommen diese Humoresken, so niedlich sie auf den ersten Blick erscheinen, den Beigeschmack von kolonialer Überheblichkeit und naiver Fortschrittsgläubigkeit.

№ 32 Ueber Land und Meer. Allgemeine Illustrirte Zeitung. 509

Der Telegraph in Indien.

Humoreske von E. Reinhardt.

Der Telegraphist erhält seine Station in den Dschungeln angewiesen

Morgenkonzert bei der Station.

Verschiedene Besuche in der Station.

Es muß etwas an der Leitung nicht in Ordnung sein.

Tafelfreuden des Telegraphisten.
Früh Reis, Mittag Reis, Abend Reis, und dazu noch ungeladene Gäste.

Die Eingebornen benutzen den Telegraphen sehr stark.

20
E. Reinhardt
Der Telegraph in Indien
1880

18
Eduard Ille
Was dich nicht brennt,
das blase nicht
1868/69

24
anonym
Die Lügenkröte
1917

Die Lügen-kröte

Das hauptsächliche Ziel der Propaganda ist die Verunglimpfung und Lächerlichmachung des Gegners. Gern wird dabei zu Bildern gegriffen, die besonders abstoßend und in ihrer Symbolik von allgemeinem Verständnis sind. Die Tiersymbolik bietet sich für solche Zwekke an, da Tieren bestimmte Sympathien und Antipathien zukommen. Kröten und Spinnen stehen in der Rangordnung des Widerlichen an der Spitze. Kröten sind Nachttiere, die sich in Kellerlöchern und Mauerwinkeln verstecken, einen übelriechenden Schleim bei Bedrohung und Verfolgung absondern und sich von niederen Tieren wie Raupen und Würmern ernähren. Spinnen sitzen hinterhältig in ihren feingesponnenen Netzen und warten darin geduldig bis sich ein Opfer in diesem Netz verfängt, um es dann auszusaugen. Diese beiden Tiere werden in Aberglauben und Märchen für schädliche und bedrohliche Ereignisse verantwortlich gemacht.

Paul Julius Reuter hatte 1849 eine Taubenpostlinie zwischen Köln und Brüssel gegründet. Nach der Einrichtung elektrischer Telegraphenlinien zwischen Köln und Aachen gerieten die Tauben dadurch ins Hintertreffen. Werner Siemens riet Reuter, auf Telegraphie umzustellen. 1851 gründete Reuter in London ein Telegraphenbüro, welches — wie das 1848 von associated press in New York und 1849 von Wolff in Berlin — Nachrichten und neueste Informationen verkaufte. Schon bald belieferte Reuter ganz Großbritannien, Irland, die britischen Kolonien und Privatleute mit Nachrichten und baute sein Netz immer weiter aus.

Während des ersten Weltkrieges sah die deutschnationale Presse vor allem in England einen Gegner in dem eigenen Bestreben nach Weltgeltung. Die englische Presse und selbstverständlich das Nachrichtenbüro Reuter wurden attackiert. Auch in der satirischen Zeitschrift „Simplicissimus" grasierte die nationale Gesinnung und führte zu Blättern, die den Kriegsgegner scharf angriffen und verunglimpften. Die Lügenkröte mit ihren Unkenrufen und die Reuterspinne, gehören seitdem zum Bildrepertoire politischer Propagandasprache.

Die Lügen-Zentrale

(Th. Th. Heine)

Da Englands Kabel noch intakt sind, ist es nach wie vor imstande, seinen Hauptausfuhrartikel über die ganze Welt zu versenden.

— 372 —

22
Thomas Theodor Heine
Die Lügen-Zentrale
1914

28
Freimut Wössner
Telegrammaufgabe
1989

Nr. 47 des „ULK“.

Telephonetisches.

Lasker wird in Zukunft seine Reden schon frühmorgens beim Anziehen halten können, ohne daß seitens Derer, an die sie gerichtet sind, ein Aufstand zu befürchten wäre.

Den Abgeordneten v. Ludwig und Hundt von Hafften wird, um ferneren Schaden zu verhüten, ein Privat-Telephon zur Verfügung gestellt.

Die Redacteure der „Germania“ werden auch von Plötzensee aus nicht aufhören brauchen, in den Wind zu reden.

Laura: Meine Eltern haben mir verboten, fürder mit Ihnen zu sprechen.
Eduard: Dann bleibt mir Nichts übrig als Siemens und Halske.

Die Gattin mit dem Taschen-Telephon: Was sehen meine Ohren!

Herr von Hülsen läßt sich in seinem Bureau von der Lucca in Petersburg und der Patti in Paris ein Duett vorsingen.

Ein Negerconcert im Urwalde welches in der Berliner Singakademie applaudirt wird.

Redacteur: Siegmund Haber in Berlin. — Verlag und Druck von Rudolf Mosse in Berlin.

29
anonym
Telephonetisches
1877

Telephon

Athanasius Kircher
Neue Hall- und Tonkunst
1684

Postdienstvereinfachung

Ein höchstgestellter Postbeamter soll eine Erfindung gemacht haben, nach welcher der fernsprechende Beamte zugleich als Signal-, Sprech-, Hör- und Schreib-Apparat benutzt werden kann

Multifunktionaler Beamter
Kladderadatsch
1873

Das Telephon, wie wir es heute kennen und selbstverständlich benutzen, ist das Ergebnis jahrhundertelanger Bemühung um immer raschere Fernkommunikation. Legendär ist das Fernsprechnetz, das der Perserkönig Xerxes um 500 v. Chr. entwickelt hatte. Mit ihm sollen Nachrichten aus ganz Asien an einem Tag übermittelt worden sein. Mit ihrer großen Reichweite konnten Signalhörner und Trommeln — schnell wie der Schall — Nachrichten übertragen. Bis ins Mittelalter waren diese Nachrichtennetze ausschließlich staatlichen bzw. militärischen Stellen zur Benutzung vorbehalten. Erst in der Neuzeit kam der Wunsch nach einer privaten Fernunterhaltung auf. In seiner „Magia Naturalis" berichtet Giambattista della Porta 1589 von der Erfindung eines Sprechrohres: „Sicher und deutlich können wir einem Freunde durch eine Röhre jede Nachricht zugehen lassen. Die Röhre muß aus Ton, besser noch aus Blei . . . und gut verschlossen sein, damit nicht die Stimme auf weite Entfernungen zu schwach werde. . ." Er selber führte erfolgreiche Experimente auf 200 Schritt durch. Der Jesuitenpater Athanasius Kircher baute das legendäre Horn Alexander des Großen nach und führte Experimente mit Sprech- und Abhörkonstruktionen innerhalb von Gebäuden durch. Er stellte eine Büste mit beweglichen Augen und Mund in einen Raum und ließ diese Figur durch ein schneckenartiges Rohr mit der Außenwelt verbinden. So sollte es möglich sein, daß „alle solche außen vorgebrachte Wort und Reden in das Schnecken-Rohr einziehen und nachgehendes auß dem offenen Mund sich hören lassen."[1]

Erste Visionen einer elektrischen Sprachübertragung hatte der Münchner Physiker Johann Wilhelm Ritter 1809: „Es ist Aussicht da, daß noch ganz leise gesprochene Worte durch viele Meilen lange, ganz einfache Drahtcontinuen fortgepflanzt, am anderen Ende der Leitung noch vollkommen vernehmbar angelangen. . . und niemand wird zuhören können, der sich nicht Gelegenheit verschafft, unterwegs zum Drahte selbst kommen zu können. . ."[2] Zwischen diesen Überlegungen und den ersten praktischen Versuchen von Johann Philipp Reis, einen „Apparat zur Reproduktion von Tönen aller Art" zu konstruieren, lagen 50 Jahre. Bei der Erprobung des Instruments, das Reis „Telephon" nannte, sprach sein Kollege sinnlose

1
Athanasius Kircher, Neue Hall- und Thon-Kunst oder mechanische geheim Verbindung der Kunst und Natur durch Stimme und Hall. Ellwangen 1684, S. 117

2
zit. nach Michael Reuter, Telekommunikation. Heidelberg 1990, S. 85

Sätze in den Geber, um die Wirkungsweise der Sprachübertragung zu testen. Der oft zitierte Satz, den Reis in einem anderen Raum am Ende der Leitung verstehen sollte, lautete: „Das Pferd frißt keinen Gurkensalat".[3] Reis verstand nur die ersten Worte dieses Nonsens und konstatierte, daß zur praktischen Verwertung des Telephons noch sehr viel zu tun bleiben dürfte. Wenn auch das Publikum bei seinen ersten Vorführungen begeistert war, lehnten Wissenschaftler seine Abhandlungen ab: es sei unmöglich, jemals die menschliche Sprache elektrisch übertragen zu können.

Der Erfindergeist Alexander Graham Bells gab den Skeptikern Unrecht. 1876 meldete er ein Patent für sein Ur-Telefon an, das er später noch als „Speaking Telephone" verbesserte und mit dem ein Versuch über eine Distanz von zwei Meilen gelang. Generalpostmeister Heinrich von Stephan erhielt eines dieser Telephone geschenkt, ließ sofort einen Versuch über zwei km durchführen und war von seiner Wirkung begeistert. Da Bell vergaß, sein Patentrecht auf Deutschland auszudehnen, erteilte von Stephan der Firma Siemens & Halske einen Nachbauauftrag für das Bellsche Telephon.

Am 30. 10. 1877 schrieb Werner Siemens an seinen Bruder Karl: „Wir sind hier jetzt in großem Telephontrubel! Stephan erhielt gleichzeitig mit den unsrigen ein Paar amerikanische durch den Engländer..., welches leider besser geht als das von Euch gefertigte und auch besser als die unsrigen. . . Stephan ist ganz wild und seine Beamten auch. Wir arbeiten tüchtig darauf los, da alle Welt welche haben will. . . . Stephan hat vor, jedem Berliner Bürger womöglich ein Telephon zu jedem anderen zur Disposition zu stellen." Und eine Woche später in einem weiteren Brief an den Bruder: „. . . Werde wohl nächstens ein Telephonpatent beantragen. Wir sind mitten in den Versuchen, und ich glaube, wir werden Bell bald übertreffen. Am besten geht noch immer das alte Berliner Weihnachtsmarkttelephon, — zwei Waldteufel mit den Strippen zusammengebunden. Das wird seit vielen Jahren in den Weihnachtsbuden verkauft. Wir Esel haben zwar das Wunder des deutlichen Verstehens auf 60 Fuß und mehr Entfernung angestaunt, aber die Sache nicht verfolgt, auch dann nicht, als Reis es elektrisch zu machen versuchte."[4]

Bis heute hat zwar immer noch nicht jeder Berliner Bürger sein eigenes Telephon, aber die Phantasie der Karikaturisten eilt der Gegenwart voraus. Schon im Herbst 1877 erschien im Berliner Satireblatt „Ulk" eine Darstellung unter dem Titel „Telephonetisches". In acht Szenen reflektiert der anonyme Zeichner über die Wirkungsweise des Telephons, das er sich als Sprechtrichter bzw. Höhrrohr vorstellt. Der liberale Parlamentarier Eduard Lasker,

Das neu erfundene Telephon arbeitet so vortrefflich, daß man beabsichtigen soll, durch dasselbe eine Verbindung zwischen dem Abgeordnetenhause und Varzin herzustellen. Dann gute Nacht, Kanzlersruh!

Wirkung in der Ferne
Kladderadatsch
1877

3
a. a. O., S. 86

4
zit. nach Jörg Becker, Die Anfänge der Telefonie. in: Telefonieren. Hessische Blätter für Volks- und Kulturforschung, Bd. 24, Marburg 1989, S. 64

berühmt geworden durch seine langen Reden im Berliner Abgeordnetenhaus, kann nun schon frühmorgens seine Reden halten, ohne dabei die schlafenden Parlamentarier aufwecken zu müssen. Die Abgeordneten von Ludwig und Hundt von Hafften können ihre politischen Fehden am Haustelephon austragen. Die im Gefängnis Plötzensee wegen Bismarcks rigorosem Kulturkampf inhaftierten Redakteure der katholischen Berliner Tageszeitung „Germania" vermögen jetzt weiterhin „in den Wind zu reden". Dank Siemens & Halske bleiben Laura und Eduard trotz des elterlichen Verbotes in Verbindung. Die Gattin erlauscht das Tête-à-tête ihres Gatten mit dem Zimmermädchen. Der Berliner Theaterintendant Botho von Hülsen läßt sich aus Petersburg und Paris von den berühmtesten Sängerinnen ein Duett vorsingen und aus dem Urwald wird ein Konzert in die Berliner Singakademie übertragen. Bis auf die beiden letzten Geschichten, in denen die völkerverbindende Macht der Musik die Einbildungskraft des Zeichners zu phantastischen Telephonkontakten beflügelte — wegen der schlechten Übertragungsqualität müssen eben diese Bilder auf damalige Betrachter besonders komisch gewirkt haben —, bleibt die Reichweite des Telephons bei den anderen Beispielen auf Berlin beschränkt. Gerade der Rückzug ins Private, die Wirkungslosigkeit der Rede, die politische Auseinandersetzung unter vier Augen wird als Charakteristikum des Telephons herausgestellt. Der Zeichner spottet über den Trubel um ein Objekt, das die Errungenschaft der öffentlichen Rede und parlamentarischen Opposition zunichte machen kann. Den Zeichnern des ein Jahr später erschienenen Blattes „Das Telephon und seine Anwendung" und „Die Zukunft des Telephons" von 1882 fallen zum Telephon kleine Histörchen über häusliche Annehmlichkeiten oder Ärgernisse ein. Heimlichkeiten oder deren Entdeckungen, ungesehen ausgetauschte Küsse und wieder die Konzertübertragung mit der berühmten Sängerin Adelina Patti von Paris nach Berlin, sind die Themen. Alte Klischees werden wiederholt, wenn die Corpsstudenten jubeln: „O, du göttliches Telephon, was bist du eine praktische Erfindung! Da kann man in der Kneipe die Vorlesung hören und braucht das Trinken nicht zu versäumen." Und wenn der selbstgefällige, heuchlerische Biedermann zu Hause im Lehnstuhl bei einer Karaffe Wein die Predigt hört: „Recht schön macht der Herr Pfarrer seine Predigt! Der sagt es den Sündern! Aber es hilft Alles nichts, bei der Generation ist Hopfen und Malz verloren!"

Als diese Bilder erschienen, war das Telephon erst wenige Jahre alt. Seine Anwendung beschränkte sich im wesentlichen auf Musikübertragungen. Eine individuelle Kommunikation gab es vereinzelt zwischen Banken, Börsen und Büros oder als Haus- und Küchentelephon. In dieser Zeit schien es unmöglich, daß das Telephon in Konkurrenz zu dem schon gut ausgebauten Telegraphennetz treten könnte. Auch die Karikaturisten hatten Mühe, in diesem Gerät einen besonderen Witz zu entdecken; die frühen Zeichnungen und Illustrationen zum Telephon wirken uninspiriert und farblos.

O, du göttliches Telephon, was bist du eine praktische Erfindung! Da kann man in der Kneipe die Vorlesung hören und braucht das Trinken nicht zu versäumen.

Liebe Trautel, mit dem Urlaub auf die Kirchweih' is nix, der Hauptmann läßt mich sechs Tag einsperr'n!

31
Carl Stauber
Die Zukunft des Telephons
1882

54

35
anonym
Im Eifer
1904
„...Wenn mir nicht leid um's Telephon wär', dann hauet ich Ihnen eine 'runter, daß Ihnen hören und sehen vergeht!"

Was sehen meine Ohren

Den telefonierst jetzt an und schimpfst ihn recht zsamm; aber laß dich falsch verbinden, dann hört er's nicht!

Karl Valentin, Telefonieren, in: Mein komisches Wörterbuch. München 1986, S. 108

In den Münchner „Fliegenden Blättern" erschien 1891 eine Bilderfolge mit dem Titel „Der Herr Commercienrath am Telephon". In sieben Porträts sieht man ihn am Telephon: erstens, aufrecht stehend, streng und konzentriert sprechend, den Zeigefinger der linken Hand dem unsichtbaren Gesprächspartner im Befehl vorgestreckt; zweitens, der ganze Mann in unterwürfiger Verbeugung; drittens, das Gesicht frontal breit grinsend, die Hörgeräte verlängern weit abstehend die Ohren, bis in die Fingerspitzen elektrisiert von den guten Neuigkeiten; viertens, von den Augenbrauen über die Nase zu den Mundwinkeln bis zu den Hörgeräten hängt alles in tiefer Enttäuschung herunter; fünftens, bellt er wütend in die Sprechmuschel; sechstens, süß lächelnd, ganz dem Klang aus dem Telephon lauschend; siebtens, im legeren Hausanzug, das karge Haar wirr herunterhängend, eine dicke Binde um den Kopf in leidender Haltung. So zeichnete Adolf Oberländer, neben Wilhelm Busch der bedeutendste deutsche Karikaturist in der zweiten Hälfte des 19. Jahrhunderts, als ein genauer Psychograph die Mimik eines Telephonierenden. Die Bildunterschriften sind wahrscheinlich, wie bei den meisten seiner Zeichnungen, in der Redaktion geschrieben worden. Oberländer selbst hat von seiner Arbeit gesagt: „Für mich als Zeichner geben Anekdote und Witz lediglich den Anstoß zur Darstellung. Der Sinn des Textes muß im Bild klar gegeben sein, daß man diesen ruhig auch weglassen kann."

Die Zeichnungen Oberländers illustrieren ein wesentliches Charakteristikum des telephonischen Gespräches: die Abkoppelung des Gehörs von den anderen Sinnen. Schmecken, Tasten und Riechen als die Nahsinne, Sehen als korrigierender Fernsinn werden von der fernmündlichen Kommunikation ausgeschlossen. Allein der Fernsinn Gehör ist aktiviert. In der Vorstellung verlängert das Telephon das Ohr und Telephonkabel verbinden wie akustische Nervenbahnen die fernmündlich kommunizierenden Partner. Verbindungen und Kontakte finden nur mehr im Kopf als abstrakte Vermittlung und intellektuelle Vorstellung statt. Die Benutzung des Telephons heute ist eine banale Alltäglichkeit; kaum einer wundert sich über ein Gespräch von Gauangelloch im Odenwald nach Mendocino in Nordkalifornien, geheime Absprachen, intime Geständnisse und überflüssiges Gerede werden dem Telephon ohne Bedenken anvertraut. Bevor man sich an den Fernsprecher gewöhnte, wurden dessen spezifische Merkmale noch deutlich wahrgenommen. Die technische Leistung eines Gespräches über hunderte von Kilometern erschien märchenhaft. Was die Menschen aber zutiefst irritierte, das war die nahe Stimme bei gleichzeitig entfernter Person. Die Separierung der Stimme von der Gestalt führte zu einer neuen Sensibilität für die individuelle Modulation und Sprechweise einer Person als deren „Sonderinstrument" (Marcel Proust).

Um die Jahrhundertwende entdeckten die Karikaturisten das Telephon als ein neues Thema. In den Humorzeichnungen dieser Zeit finden sich folgende Unterschriften: „Fräulein Eulalia sind alle Heirathspläne mißglückt. Schließlich geht sie jeden Tag an's Telephon und ruft: ‚Bitte verbinden Sie mich mit Herrn Meyer!'." – „Wenn mir nicht leid um's Telephon wär', dann hauet ich Ihnen eine runter, daß Ihnen hören und sehen vergeht!" — „Wenn Sie jetzt noch einmal ‚Lump' zu mir sagen. . . häng ich ab!" — „Bei mir wurden gestern zwei Regenschirme vergessen, ist dieser hier Ihrer?"

So verschnarcht sich diese Witze auch anhören, so weitsichtig haben die Zeichner die Doppelbödigkeit, die Lüge, das Versteckspiel am Telephon erkannt und ein Themenfeld abgesteckt, das heutige Karikaturen immer noch weiter variieren.

Erich Kästner beschreibt in seinem Kindergedicht „Das verhexte Telephon" ein nach wie vor beliebtes Telephonspiel. Kinder rufen mit verstellter Stimme den Bürgermeister, Bankdirektor und Finanzminister an.

„Dann hob sie den Hörer runter,
gab die Nummer an und sprach:
‚Ist das dort der Herr Bürgermeister?
Ja? Das freut mich. Guten Tach!

Hier ist die Störungsstelle Westen.
Ihre Leitung scheint gestört.
Und da wäre es am besten,
wenn man Sie mal sprechen hört.

Klingt ganz gut - - - Vor allen Dingen
bittet unsere Stelle Sie,
prüfungshalber was zu singen.
Irgendeine Melodie.'

Und die Grete hielt den Hörer
allen Sieben an das Ohr.
Denn der brave Bürgermeister
sang: ‚Am Brunnen vor dem Tor.'

Weil sie schrecklich lachen mußten,
hängten sie den Hörer ein.
Dann trat Grete in Verbindung
mit Finanzminister Stein."[5]

Zerstreut.

A (am Telephon): „Ich glaube, ich habe meinen Regenschirm bei Ihnen vergessen!"

B (durch's Telephon zurückrufend): „Bei mir wurden gestern zwei Regenschirme vergessen . . . ist es vielleicht dieser?"

Max Flashaar
Zerstreut
Fliegende Blätter 1887

41
Friedrich Karl Waechter
„Wie bitte? Sie suchen einen Mann mit einem energischen Kinn? Ist ja großartig"
1978

Der Münchner Kabarettist Ottfried Fischer machte 1987 aus dem Spiel ernst und rief mit der Stimme von Franz Josef Strauß den damaligen österreichischen Bundespräsidenten Kurt Waldheim an: „Herr Dr. Waldheim, ich rufe Sie hier privat an und Sie werden sich ein bisserl wundern. . . " Waldheim wunderte sich zu wenig und das 20minütige Telephonat zwischen ihm und dem vermeintlichen Strauß wurde in dem österreichischen Szeneblatt „Wiener" am 5. Juli 1987 abgedruckt. „Wahnsinnig peinlich" war dem Präsidenten der Reinfall auf die kabarettistische Einlage. „Entsetzt" reagierte die Umgebung des österreichischen Staatsoberhauptes auf dessen stammtischhaft plumpen Statements über den Unterschied zwischen Arabern und Israelis oder den Protestaktionen in Wackersdorf — Waldheim — : „Es sind immer die gleichen. . . diese die Grünen. . . und diese Gruppe, net wahr, die die also gegen alles sind, nicht wahr. Zum Teil sind ja auch Anarchisten dabei und — also ist ein ganz merkwürdiges Konglomerat von allen möglichen Negativisten und Nihilisten, nicht wahr?"

5
Erich Kästner, Das verhexte Telefon. Gesammelte Schriften. Bd. 7, Köln 1959

Der Herr Commercienrath am Telephon

1.
wenn er mit einem Untergebenen,

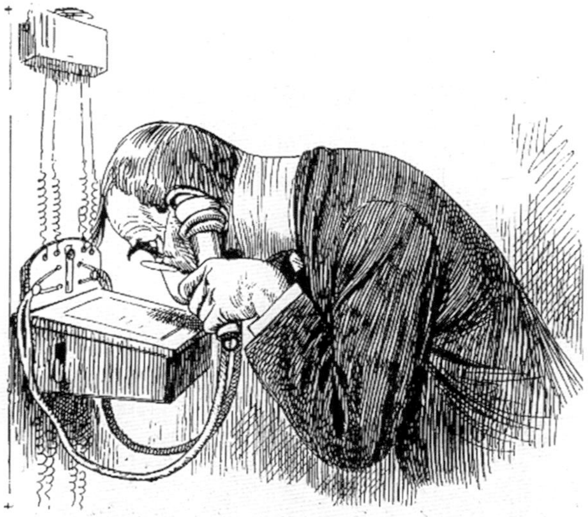

2.
wenn er mit einem hohen Beamten spricht;

3.
wenn er von der Börse die Nachricht erhält, daß die Curse gestiegen,

4.
daß die Curse gefallen;

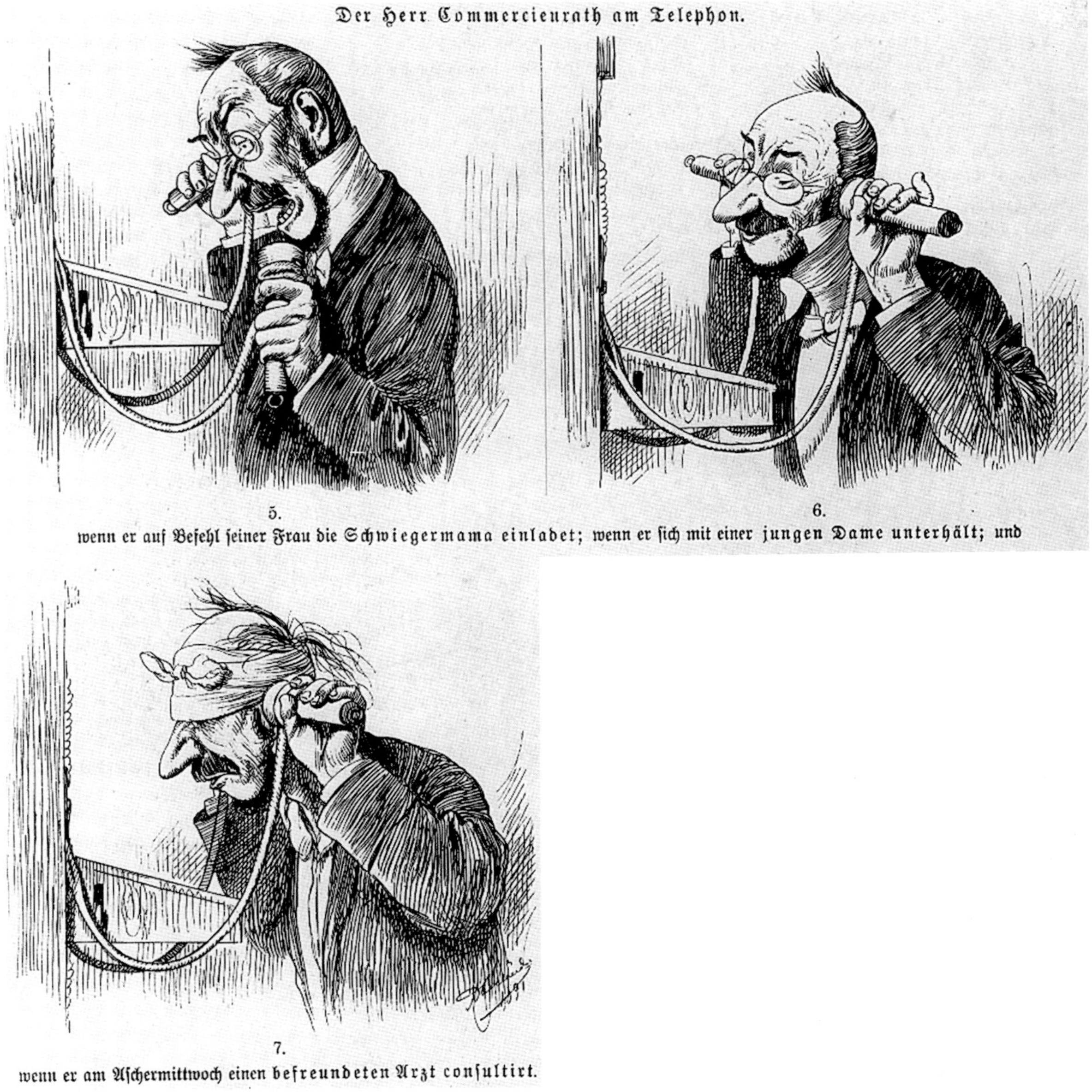

33
Adolf Oberländer
Der Herr Commercienrath am Telephon
1891

45
Georg Scholz
Kriegerverein
1921

Der Draht nach oben

Die Möglichkeit, mit dem Telefon ungehindert hierarchische Strukturen zu durchbrechen, rief anfänglich einen Widerwillen bei seiner Benutzung hervor. In Gesellschaften, in denen Etikette den zwischenmenschlichen Umgang mit Schranken und Vorschriften reglementierte, war das Telephon sozial nicht akzeptiert. In Frankreich wurde das Telephon noch bis 1900 ausschließlich von Dienstboten benutzt. Walter Benjamin beschrieb in seinen Kindsheitserinnerungen, daß das Telephon zwischen der Truhe für schmutzige Wäsche und dem Gasometer hing.

„Wollte man eine Phänomenologie des Telephonierens schreiben, so hätte man mit dem Klingeln zu beginnen, der akustischen Schwelle vor jedem Gespräch. Die ‚Anweisung zur Benutzung der Fernsprecheinrichtungen', die die Reichspost 1881 herausgab, beschreibt den Vorgang: ‚Sobald der Wecker ertönt, hebt B den Fernsprecher vom Haken, hält ihn gegen das Ohr und meldet: Hier B, wer dort?'"[6] Klingeln, sich melden, jemanden anrufen ist ein Vorgang und Sprachgebrauch aus dem militärischen Bereich, nach dem die Aufforderung, sich zu melden, immer vom Ranghöheren ausgeht. „Gegen diesen Zwang, nach dem Klingeln zu Diensten sein zu müssen. . . , richtete sich in der Frühzeit des Telephons der Spott der zunächst großbürgerlichen Benutzer. Berühmt, nach der Vorführung eines Telephons, die Bemerkung von Edgar Degas zum konsternierten Besitzer: ‚Man klingelt, und Sie gehen hin.'"[7]

In Amerika dagegen, wo es weniger hierarchische Traditionen gab und der geschäftliche Erfolg vorrangig gesehen wurde, erkannte man bald den Nutzen des neuen Kommunikationsmittels. Staunend berichtet ein Redakteur in der „Gartenlaube" 1886 von der „Verkleinerung der Großstädte durch das Telephon": „Schon bald. . . begannen sich die amerikanischen Großhandelsplätze mit Centralstationen zu versehen, die gegen Miete jedes Geschäftshaus in den Stand setzten, in jedem Augenblick mit jedem andern abonnirten Geschäftshaus der Stadt mündlich verkehren zu können. . . . Jetzt werden Schritte getan, diese Einrichtung nach der deutschen Reichshauptstadt zu verpflanzen. In Amerika ist man drauf und dran, auch zwischen Nachbarorten, z. B. zwischen New York und Philadelphia, solchen ‚elektrischen Geheimbund' herzustellen."

Die Befehlswirkung des Klingelns und die Benutzung des Telephons in Machtzentralen schufen aus dem Fernsprecher ein Objekt von Prestige, Macht und Einfluß, das zum sprechenden Attribut in Literatur und Kunst der 20er Jahre bei der Beschreibung von Chefetagen und Schreibtischen wurde. „Das Chefzimmer starrt von Waffen. Was als Komfort den Eintretenden besticht, das ist in Wahrheit ein cachiertes Arsenal. Ein Telephon auf dem Schreibtisch schlägt alle Augenblicke an. Es fällt einem an der wichtigsten Stelle ins Wort und gibt dem Gegenüber Zeit, sich seine Antwort zurechtzulegen. Indessen zeigen Brocken vom Gespräch, wieviele Angelegenheiten hier verhandelt werden, die wichtiger sind als die, die an der Reihe sind."[8]

1907 karikiert August Futterer für die „Meggendorfer Blätter" unter dem Titel „Bettlerhumor" das Telephon als Statussymbol. Zwei Frauen erzählen beim Kartoffelschälen einem armer Schlucker, der gerade vorbeikommt, daß am Vortag Wäsche und alte Kleider ausgegeben worden seien. Da er davon nichts wußte, ging er leer aus. „Ick werd' mir noch 'n Telephon einrichten müssen" meint er. Futterer kombiniert zwei gegensätzliche Partner: einen Bettler, der in den Tag hinein lebt, und das Telephon als Metapher hektischen Geschäftslebens. Mit subversivem Witz wird dadurch die Wichtigkeit von Chefgesprächen und Banketagen ausgehöhlt.

Einen guten Draht nach Oben attestiert Georg Scholz in seiner 1921 entstandenen Lithographie dem „Kriegerverein". Auf dem zentralen Platz eines kleinen Städtchens mit Häusern, einer Kirche, der neuangesiedelten Industrie mit Fabrikhalle, Schloten und dem Verwaltungsgebäude, dem Wirtshaus „Zum eisernen Hindenburg", daneben der Telegraphenmast, haben sich drei Männer im Frack, Zylinder, blank geputzten Schuhen, ordenbehängt versammelt. Feiste Gestalten mit widerlichen Visagen. Der Linke

Bettlerhumor

— „Na, wo stecken Sie denn? Sie waren schon lange nicht da; wenn Sie gestern gekommen wären, da hätten Sie auch eine Menge alter Kleider, Wäsche etc. gekriegt!"
Bettler: „Ich werd' mir noch 'n Telephon einrichten müssen!"

44
August Futterer
Bettlerhumor
1907

Der Teufel in der Quasselstrippe
Lustige Blätter
1931

hält eine Standarte mit der Regimentsfahne „Kriegerverein. . . loch", auf der der Doppeladler des Kaiserreiches mit der Umschrift „Mit Gott für Fürst und Vaterland" prangt. Der Rechte hat einen Lorbeerkranz um den Arm gehängt, eine dicke Zigarre in der Hand. Der Mittlere hat neben allen anderen Orden ein Hakenkreuz am Revers; dieses Zeichen hatten sich schon lange bevor es Parteizeichen wurde, bündlerische Kreise zum Erkennungszeichen erkoren. Sie haben sich zur Kranzniederlegung am Ehrenmal für die im 70er/71er Krieg gegen Frankreich gefallenen, alten Kameraden versammelt. Himmlische Strahlen erleuchten die Gruppe von Militaristen, Kriegsgewinnlern und spießigen Vereinsmeiern. Dieses Licht hat seinen Ursprung im Auge der Dreieinigkeit am oberen Bildrand. Hell bescheint es eine große, mit Waffen gespickte Wolke. Auf dieser Wolke lümmelt sich Gottvater in Nachthemd und Pantoffeln. Er ist telephonisch mit der Kirche verbunden. Unter ihm auf einer kleineren Wolkenbank schauen in der Pose der Raphaelengelchen Kaiser Wilhelm II. und Bismarck herunter, die Scharfmacher im Krieg gegen Frankreich. Engel mit Stahlhelmen tummeln sich in den Wolken. Mit der Mischung von realistischen und phantastischen Bildelementen polemisiert Scholz satirisch gegen die unheilige Dreieinigkeit von Kirche, Staat und Krieg. Die Telephonverbindung zwischen Gottvater und Kirche ist eine allgemeinverständliche Metapher für den guten Draht der Kirche nach oben und die Absegnung des Krieges durch die Kirche. Gottvater erfährt durch das Objekt des modernen Kommunikationsmittels eine Profanisierung, das Telephon als Verbindungsmedium in den Himmel wird transzendiert.

6
Christoph Asendorf, Ströme und Strahlen. Das langsame Verschwinden der Materie um 1900. Gießen 1989, S. 64

7
a. a. O., S. 65

8
Walter Benjamin, Bürobedarf, in: Einbahnstraße. Gesammelte Schriften, Bd. IV.1, Frankfurt a. M. 1991, S. 132

Wie oft habe ich nun schon erlebt, daß die kräftige Rede eines Besuchers den ganzen Raum überzeugt, gleich ist er auf der Höhe, der Sieg ist nahe, hurra, noch ein Schritt. . . da klingelt das Telefon und alles ist aus. Der dicke Mann am Schreibtisch, der eben noch dreiviertel hypnotisiert, schon das Doppelkinn auf die Krawatte hat sinken lassen und friedlich die Unterlippe vorgeschoben hat, läßt eine eisige Maske über das gleiten, was er als Gesicht ausgibt. Die nervigte Hand am Telefonhörer, vergißt Partner, Geschäft und sich selbst. „Hier Dinkelsbühler — wer dort - ?" Emsig strudelt er im fremden Gewässer, völlig gefangen vom andern, untreu dem Partner der letzten Minute, ganz hingegeben in Betrug und Verrat.

Der andre ist der Dumme. Hohl und leer sitzt er dabei, das eben noch ausgesprochene pathetische Wort ragt ihm sinnlos aus dem Mund wie eine alte Fahne im Zeughaus, Flagge einer Truppe, die längst gestorben ist. Beschämt sitzt er da, haltlos und nackt, und in ihm kocht dumpf der unerfüllte Wille. Was nun — ?

Nun redet der dicke Mann am Schreibtisch so lange, wie man eben in Berlin am Telefon spricht, und es gibt nur noch einen, der mehr redet: das ist der am andern Ende. Der muß wohl rauschen wie ein mittelgroßer Wasserfall: die Augen des Schreibtischmannes schauen gedankenvoll auf ein Löschpapier, wandern über das Tintenfaß, blicken irr und leer dem betrogenen Partner auf die Glatze, nun beginnt er gar Männchen aufs Papier zu malen und Quadrate, und der andre scheint, wie die Membrane quakend verkündet, ganze Wörterbücher ins Telefon brausen zu lassen.

Schon ruckelt der Gast ungeduldig auf seinem Stühlchen, da nahen sich im unendlichen Gespräch die ersten Anzeichen des Schlusses. „Na denn. . . !" — „Also dann verbleiben wir so. . . " Dem Gast wirds freudig zumute: so eilt die Seele des Konzertbesuchers in die Garderobe voraus, wenn es im Orchester bedrohlich laut wird, wenn das Flügelschlagen des Dirigenten Blech und immer wieder Blech ins Getöse wirft. . . aber es ist noch nicht so weit. Sie verbleiben noch eine ganze Weile so, setzen immer wieder zu Schlußwendungen an, der Schluß kommt nicht. Langsam steigt in dem Wartenden der Wunsch auf, dem Telefonierenden das Handelsgesetzbuch auf den Kopf zu schlagen. . . „Na dann — auf Wiedersehn!" sagt der endlich. Und legt den Hörer hin.

Und das ist der schlimmste Augenblick von allen. In den Augen des Schreibtischmannes wechselt die Beleuchtung, man hört es förmlich knacken, wie er sich umstellt; mit etwas schwachsinnigem Ausdruck wendet er sich zwinkernd dem alten, verratenen Partner wieder zu. „Ja, also — wo waren wir stehengeblieben. . . ?"

Nun fang du wieder von vorne an. Nun klaube die zerbrochenen Stücke deiner Rede wieder vom Boden zusammen, nun hole tief Atem, bemühe dich, wieder in Zug zu kommen. . . Gute Nacht. Der Schwung ist dahin, der Witz ist dahin. Lahm geht die Unterredung zu Ende. Nichts hast du erreicht. Das hat mit ihrem Singen die Lorelei getan.

Kurt Tucholsky, aus: „'n Augenblick mal — !", Gesammelte Werke, Bd. II, Hamburg 1961, S. 706 f.

47
Kurt Halbritter
Laokoon
1973

52
Friedrich Karl Waechter
Plötzlicher Anruf
1986

53
Brian Bagnall
Telefondruck
1989

48
Eberhard Dietzsch
Der Schreibtisch des Chefs
1993

51
Ottfried Zielke
Nein ich gebe keine Kredite
1993

58
Leo Kainradl
Ein Zukunfts Apparat
1897

Akustische Austern

Nur eine Sorte Telephongespräche gibt es, die habe ich querverbunden stets mit innigstem Behagen geschlürft, es sind akustische Austern. Das sind Gespräche, die Liebespaare führen, und zwar Leute, die aus irgendeinem Grund „am Telephon nicht so sprechen können" — weil sie vom Geschäft aus sprechen, oder von zu Hause, wo Mama jeden Augenblick hereikommen kann. Das ist ganz herrlich.
Man riecht es am Ton, was da los ist. Der Ton ist butterweich, hellgelb, milde wie Mathilde und leicht verklemmt . . . Solche Gespräche sollten mit behördlicher Harfenbegleitung geführt werden. Wenn du Glück hast, kannst du sie hören und es schmilzt dein Herz.

Kurt Tucholsky, Ich rufe Sie vor eins noch mal an —!, Gesammelte Werke, Bd. III, Hamburg 1961, S. 330

In der großen Postkartensammlung des Deutschen Postmuseums finden sich zahlreiche Karten aus den ersten Jahren unseres Jahrhunderts auf denen junge, hübsche Mädchen am Telephon zu sehen sind. Sie haben die Augen geschlossen, lauschen hingebungsvoll der Stimme aus dem Apparat, haben den Mund leicht geöffnet, spitzen neckisch die Lippen, blicken verklärt in die Ferne, strecken sehnsuchtsvoll die Arme wie Fühler in die Weite, sitzen im Negligé auf dem zerwühlten Bett in lasziver, einladender Pose , halten kokett lächelnd den Hörer am Ohr und blicken den Betrachter herausfordernd an. Diese Posen sind erotische Signale. Das Telephon spielt dabei die Rolle eines immateriellen postillon d'amour, der die Liebenden zusammenführt. Die Bildpostkarten sind wie eine televisionäre Ergänzung zum Telephon. Man kann die Partnerin, die man sich erträumt, sehen. Die Karten wirken fast wie frühe Ideen zum Callgirl: Kontaktaufnahme durch das Telephon.

Eine andere Variante sind Postkarten mit zwei Bildhälften. Auf ihnen werden die Gesprächspartner durch das Telephonkabel miteinander verbunden. Ganze Serien, wie die „Verlobung durch's Telephon", wurden produziert. Das Telephon hat dabei immer nur den Part für den ersten Schritt. Erfüllung erfahren die Wünsche aber erst mit der körperlichen Begegnung.

„Durch der Liebe Macht verbunden
Reichen wir uns froh die Hand,
Dass so schnell wir uns gefunden
Sei dem Telephon gedankt."

Die wahre Revolution erhoffte man sich 1897 in einem Gedicht, das dem Blatt „Ein Zukunfts-Apparat" unterlegt war. Wenn der wissenschaftliche Fortschritt Luftschiffe, Telegraphen, Elektrizität und Phonographen erfinden kann, so müßte auch ein neuer Apparat geschaffen werden: „durch den man außer sprechen auch küssen kann — per Draht!". Bei keiner Art von Telephongespräch wird die Diskrepanz von akustischer Nähe und räumlicher Ferne deutlicher empfunden als bei Liebesgesprächen. Jean Cocteau schreibt in seinem Vorwort zu dem 1930 entstandenen Theatermonolog „La voix humaine" (Die geliebte Stimme), in dem der Fernsprecher symbolisch für die Vergeblichkeit einer erfüllten Liebe steht, er habe sich dazu der naheliegenden Tücken eines Apparates bedient, der am wenigsten zur Behandlung von Herzensangelegenheiten geeignet sei.

Grundsätzlich hat sich die Technik des Telephons während der letzten Jahrzehnte nicht geändert, aber in den Ländern, in denen telephonieren zum alltäglichen Leben gehört, ist ein signifikanter Wandel im Umgang mit diesem Medium eingetreten. Wieder ist es die

Hallo! Süßer – natürlich –
komm nur rüber . . .
Wer ist am Apparat?
Postkarte
um 1950

USA, die eine neuartige Benutzung des Telephons erfindet. Hat das Telephon Ende der 30er Jahre dem Callgirl aus dem anrüchigen Dunstkreis des Rotlichtbezirks heraus Zugang zu angesehenen gesellschaftlichen Kreisen verschafft, macht Telephonsex der klassischen Prostitution seit vielen Jahren immer mehr Konkurrenz. Die Stimme des Partners oder der Partnerin ist direkt am Ohr, besser gesagt im Kopf und setzt einen Phantasieflash frei. Pure, erotische Phantasie kann sich entfalten, die sich anonym mehr vorzustellen und auszusprechen vermag als in der herkömmlichen Beziehung. „Hier sagen wir uns alles, im richtigen Leben nichts.“[9] Jim und Abby, die sich über einen erotischen Kontaktservice kennenlernen, gestehen sich telephonisch quer durch die USA in dem Buch ihre intimsten Wünsche und Geheimnisse. Obwohl sie am Ende nach 187 Seiten — jeder für sich — zum Höhepunkt kommen, verabschieden sie sich mit „Auf Wiedersehen“ und verabreden ein Treffen.

In den Karikaturen zum Thema Liebesgespräche am Telephon oder Telephonsex als der „neuen Art risikolosen Vergnügens“ sieht es weniger erotisch aus. Warten auf nächtliche Anrufe, leere Gesichter neben vollen Aschenbechern, monotones Geplapper einer „Telefonfee“ wie von einem abgerichteten Papagei. In diesem sensiblen Bereich mißtrauen die Karikaturisten der Phantasie. Die Versprechungen auf „scharfe Nummern am Telefon. Absolut clean — und gar nicht cool“ sehen in den Karikaturen ziemlich öde aus.

9
Nicholson Baker, Vox, Reinbek 1992, S. 72

Der Liebesbrief
Postkarte
um 1910

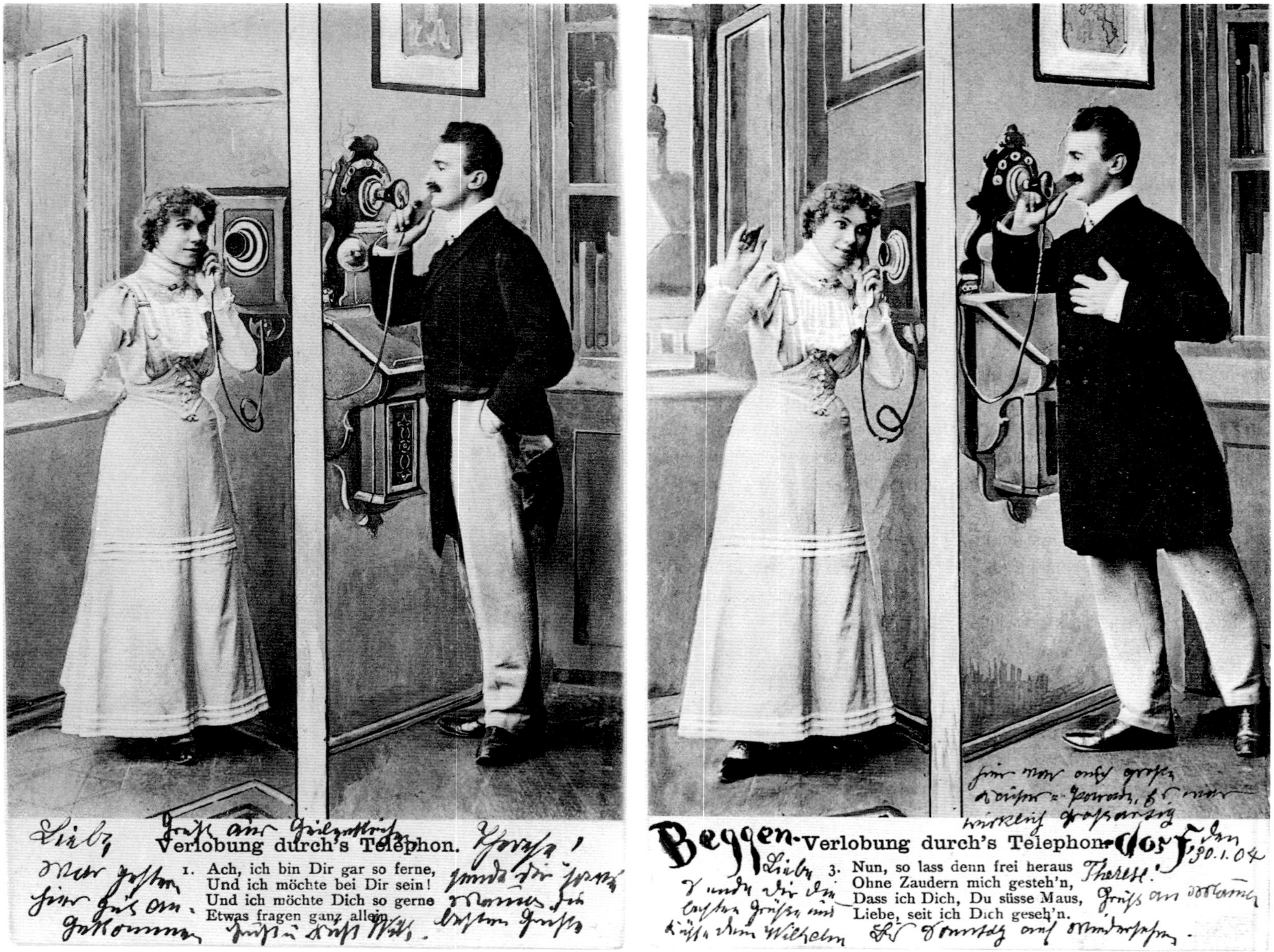

59
anonym
Verlobung am Telephon
Postkarte
um 1900

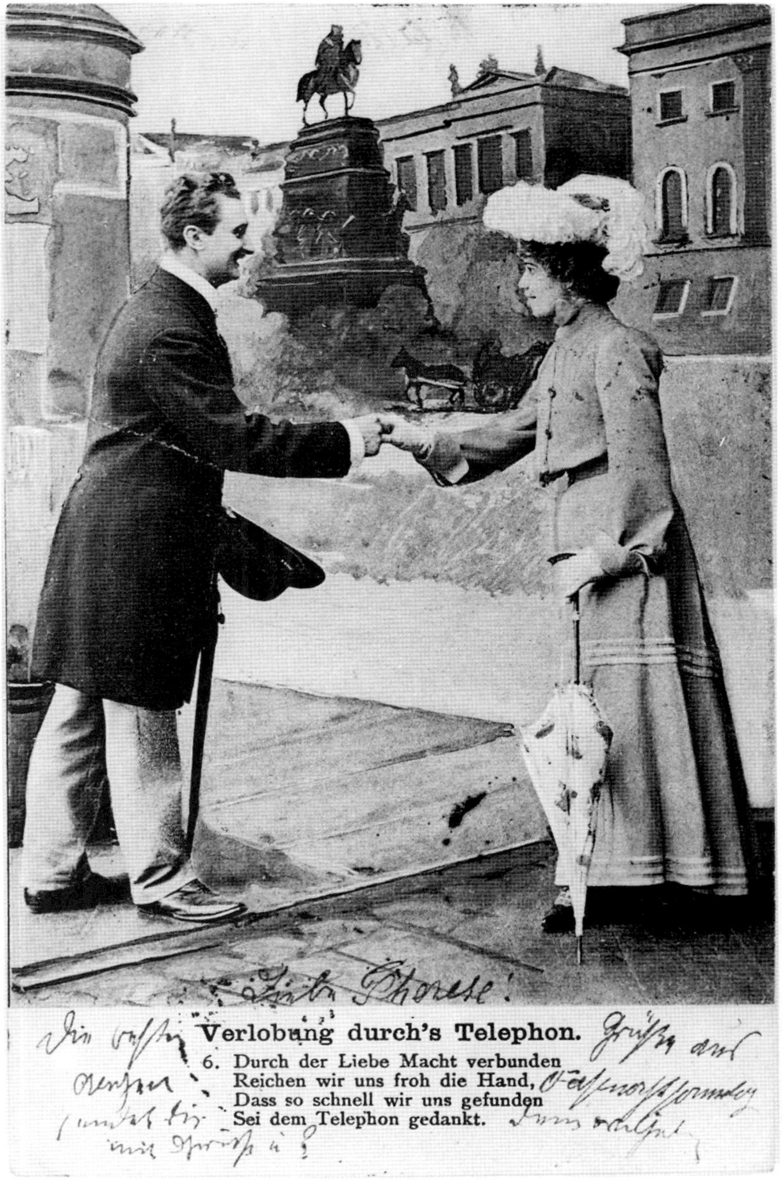

Das Liebesgespräch
Postkarte
um 1900

61
Ernst Kahl
Die heißeste Stimme der Stadt
1989

62
Peter Angermann
Telefonsex
1988

65
Robert Gernhardt
Telefonkartenentwurf
1993

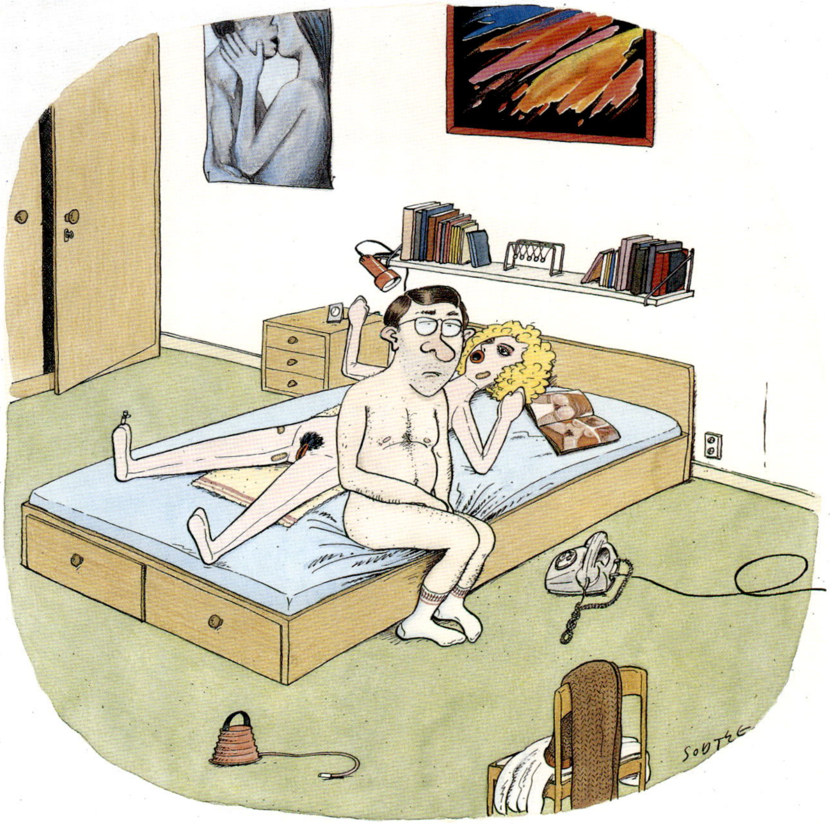

Alles war vorbereitet.
Dann rief Mutter an und fragte ihn, was er Sonntag zu Mittag essen wolle. Thomas wünschte sich Rouladen mit Klößen und Rotkohl
... und bekam plötzlich Bauchschmerzen.

64
Matthias Sodtke
Alles war vorbereitet
1992

75
Lothar Otto
Rauchzeichen
1992

Fasse Dich kurz

Brian Bagnall
Geschnatter
1988

„Fernsprechzelle. Sprechstellen, die gegen die Umgebung schalldicht abgeschlossen werden sollen, werden in F. untergebracht. Dazu gehören vor allem die öffentlichen Sprechstellen, für deren Benutzung die Telegraphenverwaltung die Wahrung des Fernsprechgeheimnisses sicherstellen muß. Aber auch Teilnehmer, z. B. die Inhaber von Warenhäusern, Gaststätten, ferner Börsengesellschaften, lassen, um ihre Kunden eine ungestörte Sprechgelegenheit zu bieten, Sprechstellen in F. einbauen. In geräuschvollen Betrieben werden F. verwendet, um den Außenlärm vom Sprechenden fernzuhalten. . . Damit von außen erkannt werden kann, ob die F. benutzt ist, wird in der Tür oder seitlich ein Fenster vorgesehen. Gewöhnlich haben die F. elektrische Beleuchtung, die sich beim Betreten des Innenraums selbsttätig einschaltet. Für gute Belüftung kann durch eine Lüftungsklappe in der Decke gesorgt werden, durch die aber die Schallsicherheit nicht beeinträchtigt werden darf. Zur inneren Ausrüstung der Fernsprechzellen gehören gewöhnlich ein kleines Schreibpult, ein Behälter für das Fernsprechbuch, Kleiderhaken, eine Ablegegelegenheit für kleinere Gepäckstücke, auch Zigarrenableger und Aschenbecher.“[10]

In den ersten — ab 1912 — in Deutschland aufgestellten öffentlichen Fernsprechzellen war sogar noch Platz für einen Stuhl. So wohnlich und liebevoll eingerichtet ist die Bezeichnung „Telephonhäuschen“ zutreffender. Diese Häuschen luden zum gemütlichen Plaudern geradezu ein. „Nimm Rücksicht auf Wartende — **Fasse Dich kurz**“ war als Mahnung an jedem Telephonhäuschen angebracht.

Das Warten vor den Telephonhäuschen ist ein klassischer Telephonwitz. Er zieht das Lachen aus dem Versprechen, jederzeit und überall dank der Häuschen, die seit den 20er Jahren das Straßenbild der Großstädte prägen, kommunizieren zu können und der Verhinderung des unmittelbaren Kontaktes wegen der entnervenden Warterei. Klappstühle sollen das Warten gemütlicher und Schachspiele abwechslungsreicher machen. Einen zweiten Boden zieht H. Thiele in seine Geschichte ein: mißmutige Männer warten vor einem öffentlichen Fernsprecher, doch als sich die Tür öffnet und eine junge, hübsche Dame herauskommt, verklären sich die Mienen in wohlgefälliges Lächeln. Die gockelhafte Attitüde läßt wichtige Geschäftsgespräche und Aktentaschen verschwinden und macht das Warten zum Vergnügen.

Seit einigen Jahren verbreiten sich immer mehr sog. Telephonhauben: sparsamst ausgestattete, offene Stellen, ohne Kleiderhaken, ohne Ablegegelegenheiten, ohne Schreibpult, in denen der Benutzer dem Regen und Wind ausgesetzt ist, wo Gespräche von Wartenden oder Passanten mitgehört werden können. Die Aufforderung „Fasse dich kurz“ kann in den Telephonhauben entfallen, da hier sowieso nur die nötigsten Worte gewechselt werden; der alte Witz vom Warten vor dem Telephonhäuschen wird bald aussterben.

10
Handbuch des elektrischen Fernmeldewesens, Berlin 1929, S. 471

67
Herbert Thiele
Krach am öffentlichen
Fernsprecher
1935

68
Josef Geis
Wartende
1942

73
Kümmel
„. . . nun beeilen Sie sich bitte — schließlich habe ich die neuen Telefonbücher auch noch nicht gelesen!"
1971

72
Arne Leihberg
Bitte! Möchten Sie vielleicht telefonieren?
1971

"PARDON, MONSIEUR, KANN ICH MIT DIESEM TELEFON AUCH DEUTSCH SPRECHEN ?"

74
Bu
„Pardon, Monsieur, kann ich mit diesem Telefon auch deutsch sprechen?"
1971

70
Freimut Wössner
Ich suche die Nummer 618149
1990

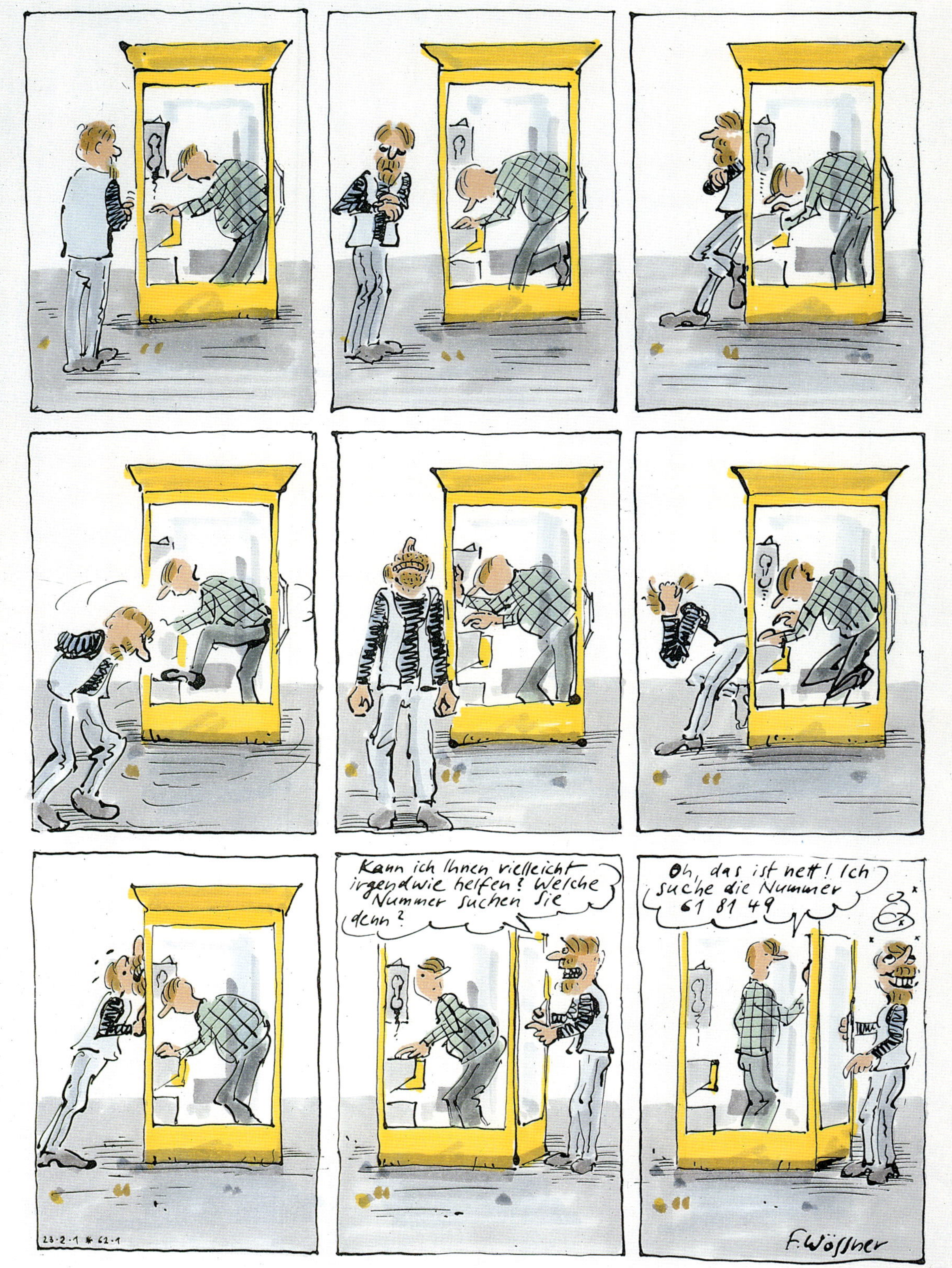

79
Klaus Staeck
Ruf doch mal an
1977

Warnung.

Die gewöhnlichen Telegraphen-Drähte werden sich wohl schwerlich zu diplomatischer Anwendung des Telephon eignen, da an jeder beliebige Stelle der Leitung ein Unberufener sein Hörrohr anlegen und auf diese Weise leicht hinter die wichtigsten Geheimnisse kommen könnte.

Die gemeine Bettwanze (cimex lectularius) ist eine fünf bis sechs mm lange, braunrote, flügellose Wanze, die hinter Bildern, Büchern, unter Tapeten, in Betten und altem Holz lebt. Nachts kommt sie aus ihrem Versteck und fällt über die Menschen her, um deren Blut zu saugen. Sie soll aus Ostindien stammen, war aber schon im Altertum in Südeuropa bekannt und ist jetzt — ein richtiger Kosmopolit — über die ganze Erde verbreitet. Da sie sehr fruchtbar ist, langandauernden Hunger überstehen kann und in jeder Spalte Zuflucht findet, in der ihr kaum beizukommen ist, kann sie nur sehr schwer ausgerottet werden. Wo nicht alte Holzverkleidungen jeden Versuch der Vernichtung unmöglich machen, ist Reinlichkeit, häufiges Waschen mit heißem Wasser, sowie das Aufspüren und Vertilgen der Brut das beste Mittel, sich ihrer zu entledigen. Alle zur Vertilgung empfohlenen Mittel sind, da sie hochgiftige Substanzen enthalten, auch für Menschen gefährlich, also mit Vorsicht anzuwenden.

Wer jemals in einem schmuddeligen Hotel am Morgen mit stark juckenden, roten Stichen aufgewacht ist, kennt das Gefühl von Eckel und Ausgeliefertsein. Man sieht zwar die Spuren des nächtlichen Angriffs, aber die Verursacher sind unsichtbar. In Ritzen und Spalten verborgen warten die Schmarotzer ruhig auf die nächste Nacht, um wieder unbemerkt aus ihrem Versteck herauszukommen und von dem Schlafenden Blut für ihr eigenes Weiterexistieren herauszusaugen.

Die Namensvettern, schon fast auf die Größe ihrer natürlichen Verwandten geschrumpft, besitzen ähnliche Eigenschaften. Auch sie schleichen sich unbemerkt in die häusliche Intimssphäre ein. Beobachten ruhig die Vorgänge im Haus und zapfen bei passender Gelegenheit die Bewohner an. Diese Wanzen haben es nicht auf Blut abgesehen. Sie warten auf geheime Gespräche.

Einen gewissen Unterhaltungswert für die bunten Seiten der Tagespresse haben solche Vergleiche aus der Tierwelt, wenn Hausbesitzer ihre Mieter mit ausgeklügelten Abhöranlagen bespitzeln, Hobbyfunker durch Babytelephone akustisch in das Schlafzimmer der Eltern gelangen oder alte Telephonanlagen noch immer mit der sogenannten Chefschaltung in Landratsämtern ausgerüstet sind.

77
anonym
Warnung
1877

Das Plakat von Klaus Staeck mit der Wanze, die keck den Werbeslogan der Deutschen Bundespost „Ruf doch mal an" persifliert, bezieht sich auf die Abhöraffäre um den Atomwissenschaftler Dr. Klaus Traube und die Übertritte des Bundesamtes für Verfassungsschutz im Jahre 1976. Das Bild der Wanze ist wegen ihrer Allgemeinverständlichkeit ein beliebtes Sujet der Karikaturisten und Satiriker, wenn es darum geht, knapp und präzise staatliche Überwachung und Bespitzelung zu thematisieren. Überdimensionale Wanzen und Spinnen suggerieren das Gefühl von Ohnmacht bzw. Allmacht. Staecks Wanze dagegen fordert frech und offensiv die Gesprächspartner geradezu auf, am Telephon alles zu frei herauszusagen, woraus sie dann ihr Blut saugen kann.

Voyeuristisches Schnüffeln, Hineinkriechen in verschwiegene, persönliche Bereiche ist der satirische Aspekt bei Gerlinde Pfistners: „Abhördienst".

— Hörst du mi denn aa, wenn i nix red?

— Sell woaß i net; red amal nix, ob i nacha was hör.

— Ja, jetzt paß auf, jetzt red i nix. — Hast des jetzt ghört, wia i nix gredt hab?

— Ja tadellos — und des hab i nacha ghört, wias d'gsagt hast: „Hast des jetzt ghört, wia i nix gredt hab?"

— So, des hast ghört? — Aber des andere net?

— Was für a anders?

— No ja, wia i nix gredt hab.

— Na, zuaghört hab i scho, aber ghört hab i nix.

— Des is gspaßig, gell, mit dera Hörerei.

Karl Valentin, Hören.in: Mein komisches Wörterbuch, München 1986, S. 49

82
Gerlinde Pfistner
Abhördienst
1992

78
Walter Schnackenberg
Die Spinne
1949

83
Tomi Ungerer
Telefonangst
1972

81
Arne Leihberg
„Mann, was haben Sie da bloß wieder für 'ne Leitung angezapft?"
1971

84
Carl Barks
Donald telefoniert mit Daisy
1975

86
Roland Topor
Hallo, Hallo, er hat aufgehängt
1988

97

88
Roland Beier
Da hängt wieder irgendwo einer
in der Leitung
1993

90
Roland Beier
Anrufbeantworter
1993

Die Telephon-„Reform". Kraetke: Ich weiss gar nicht, was die Menschen überhaupt miteinander zu verkehren haben . . .

94
anonym
Die Telephon – „Reform"
1909

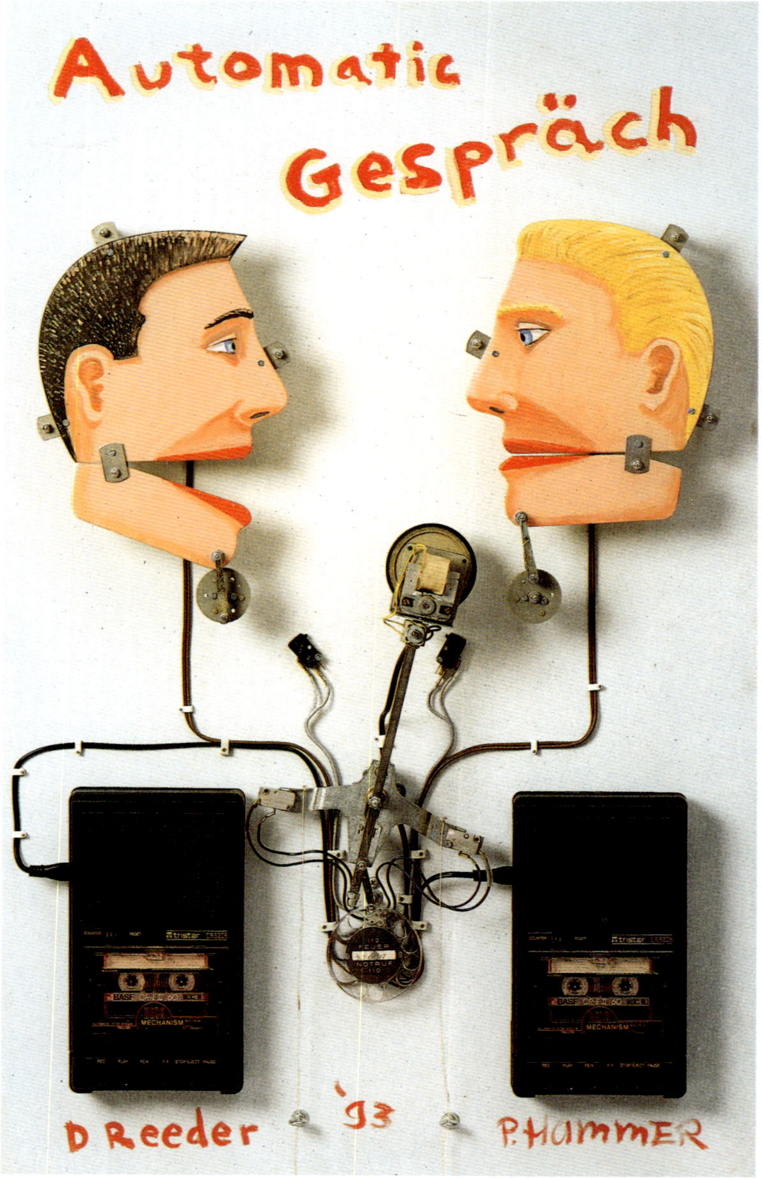

103
Peter Hammer/ Dan Reeder
Kommunikation
1993

Kommuni-kation

Telefongespräch im Fernsehen anläßlich des Qualifikationsspiels zur Fußballweltmeisterschaft Zypern gegen Deutschland am 23. 11. 1968 in Nikosia (ARD)

A: Erster Fernsehreporter (auf dem Bildschirm)
B: Zweiter Fernsehreporter (in Zypern)
A: **So. Nun wollen wir einmal versuchen, eine Verbindung mit Nikosia herzustellen.**
A: hebt den Hörer ab. **Hallo!**
B: **Ja.**
A: **Ah, da sind Sie ja. Wie war das Spiel?**
B: **Ich habe Ihre Frage nicht verstanden.**
A: **Meine Frage war, wie war das Spiel**
B: **Das Spiel?**
A: **Jawohl.**
B: **Welches Spiel?**
A: **Na, ich denke, das Spiel, über das Sie uns berichten wollen, das Länderspiel in Nikosia.**
B: **Was?**
A: **Das Länderspiel.**
B: **Das Länderspiel?**
A: **Ja. Wissen Sie, wie es ausgegangen ist?**
B: **Ich kann es nicht beurteilen, weil ich das Spiel nicht gesehen habe.**
A: **Was, Sie haben das Spiel nicht gesehen?**
B: **Was?**
A: **Die Verbindung ist schlecht. Die Verbindung ist heute wirklich nicht gut.** A hat jetzt einen Zettel in der Hand und wendet sich, den Hörer noch am Ohr, an die Zuschauer. A lächelt nicht. **Wir haben hier ein Resultat nach vielem Hin und Her. Ein Ergebnis, das durchaus sein kann, das durchaus im Bereich des Möglichen liegt.** A beugt sich, den Hörer noch am Ohr, über den Zettel. Offenbar kann er den Zettel nicht lesen. A wendet sich wieder an die Zuschauer. **Aber wir wollen hören, ob wir nicht doch noch eine bessere Verbindung bekommen! Hallo!**
B: **Ja.**
A: **Ah, da sind Sie ja.**
B: **Ja, ich bin hier.**
A: **Ich freue mich, daß wir uns jetzt endlich verstehen.**
B: **Was?**
A: **Ich freue mich, daß wir uns jetzt endlich verstehen!**
B: **Was meinen Sie? Ich kann Sie nicht verstehen.**
A: **Sie können mich nicht verstehen?**
B: **Doch, ich verstehe Sie gut.**
A: **Ah, das ist gut. Können Sie uns etwas über das Spiel sagen, vielleicht das Ergebnis?**
B: — es kratzt stark in der Hörmuschel, es knistert eine Weile, A hat den Hörer ein Stück vom Ohr entfernt, jetzt hält es ihn wieder ans Ohr.
A: **Hallo! Ich höre Sie nicht.** An die Zuschauer gerichtet: **Das war ja zu erwarten.** In die Muschel: **Hallo! Was?**
B: **Wimmer Im Mittelfeld**
A: **Wer?**
B: **Wimmer!**
A: **Wimmer?**
B: **Ja.**
A: **Jawohl. Also Wimmer im Mittelfeld. Und wie ist das Resultat?**
B: **Ich habe Ihre Frage nicht verstanden.**
A: **Ich habe Sie gefragt,wie das Spiel ausgegangen ist. Unsere Zuschauer hier sind gespannt auf das Resultat.**
B: **Haben Sie eine Frage?**
A: **Ja, ich habe nach dem Resultat gefragt!**
B: **Hallo?**
A: **Das Resultat, verstehen Sie mich? Das Ergebnis? Wie es ausgegangen ist?**
B: **Das ist mein Eindruck, wie gesagt, soweit es sich um das Spiel handelt, auf das Sie anspielen.**
A: **Von wem sprechen Sie? Bitte, von wem sprechen Sie?**
B: **Ja. Soweit ich das beurteilen kann.**
A: **Können Sie mich denn nicht verstehen?**
B: **Ja, aber ich kann es nicht so genau sagen, ich muß mich auf das verlassen, was ich gehört habe.**
A: **Und wissen Sie, wie es ausgegangen ist?**
B: **Was?**
A. **Das Spiel, wie ist das Resultat?**
B: **Ich glaube ja.**
A: **Gab es sonst noch was Besonderes?**
B: **Ich kann Sie plötzlich nicht verstehen, die Verbindung ist schlecht.**
A: legt den Hörer auf. **Es tut mir leid, liebe Zuschauer, aber das Resultat ist nicht mit Gewißheit zu erfahren.**

Ror Wolf, in: Punkt ist Punkt. Alte und neue Fußballspiele. Frankfurt a. M. 1971, S. 64 ff.

98
Bernd Pfarr
Gernot Pistazien essend merkte nicht, daß die Ameisen wieder heimlich mit Boston telefonierten
1992

102
Heribert Lenz
Mobiltelefon
1993

95
Norman Rockwell
Klatschmäuler
1948

105

Portier: Hier Baufirma Meisel & Compagnie!
Buchbindermeister: Ja hier, hier ist der Buchbinder Wanninger. Ich möcht nur der Firma Meisel mitteilen, daß ich jetzt die Bücher, wo's bstellt ham, fertig habe und ob ich die Bücher hinschicken soll und ob ich die Rechnung auch mitschicken darf!
Portier: Einen Moment, bitte!
Buchbindermeister: Jawohl!
Sekretariat: Hier Meisel & Compagnie, Sekretariat!
Buchbindermeister: Ja, hier ist der Buchbinder Wanninger. Ich möcht Ihnen nur mitteilen, daß ich die, die Bücher da wo, daß ich die fertig hab und ob ich die, die Ding da, die Bücher, hinschicken soll und ob ich die Rechnung auch dann mit gleich hinschicken soll — bitte!
Sekretariat: Einen Moment, bitte!
Buchbindermeister: Ja, ist schon recht!
Direktion: Direktion der Firma Meisel & Co.!
Buchbindermeister: Ä, hier ist der, der Buchbinder Wa-Wanninger. Ich möcht Ihnen nur, und der Firma Meisel des mitteilen, daß ich die Ding, die Bücher jetzt fertig hab und ob ich dann die Bücher hinschicken soll zu Ihnen und ob ich die Rechnung dann auch gleich mit hinschicken soll — bitte!
Direktion: Ich verbinde Sie mit der Verwaltung, einen Moment, bitte, gell!
Buchbindermeister: Ja, ist schon recht!
Verwaltung: Hier Baufirma Meisel & Co., Verwaltung!
Buchbindermeister: Ha? Jawohl, hier ist der Buchbinder Wanninger. Ich möcht Ihnen nur mitteilen, daß ich die Bücher jetzt fertig gemacht hab und daß ich's jetzt oder daß ich's hinschicken soll oder ob ich die Rechnung auch dann gleich mit hingeben soll!
Verwaltung: Rufen Sie doch bitte Nebenstelle 33 an. Sie können gleich weiterwählen.
Buchbindermeister: So da muas i glei — jawohl ist schon recht, danke, bitte.- Bin neigieri!
Nebenstelle 33: Hier Baufirma Meisel & Compagnie!
Buchbindermeister: Ja, der Ding ist hier, hier ist der — wer ist dort?
Nebenstelle 33: Hier Baufirma Meisel & Compagnie!
Buchbindermeister: Ja, ich habs dene andern jetzt scho a paarmal gsagt, ich möcht Ihnen nur des jetzt mitteilen Fräulein, daß ich die Dings-Bücher fertig habe und ob ich die Bücher da zu Ihnen hinbringen soll oder hintrage und die Rechnung soll ich dann vielleicht eventuell auch gleich mitschicken, wenn Sie's erlauben!
Nebenstelle 33: Ja, einen Moment mal, ich verbinde Sie mit Herrn Ingenieur Plaschek.
Buchbindermeister: Wie?
Plaschek: Hier Ingenieur Plaschek!
Buchbindermeister: Ja, hier ist der Bau-, hier ist der — wer ist dort? Hier ist der Buchbinder Wanninger. Ich möcht Ihnen nur und der Firma mitteilen, daß ich jetzt die Bücher da fertig gmacht hab, die zwölf Stück, und ob die Bücher dann alle zu Ihnen hinkommen sollen, daß ichs hintrag und ob ich d'Rechnung auch, auch hinoffe-offerieren sollte, bitte, zu Ihnen!
Plaschek: Ja, da weiß ich nichts davon!
Buchbindermeister: So!
Plaschek: Fragen Sie doch mal bei Herrn Architekt Klotz an. Einen Moment mal, bittschön!
Buchbindermeister: Wia hoasst der? Was hat denn der für a Nummera? He! — Herrgottsakrament!
Klotz: Architekt Klotz!
Buchbindermeister: Wanninger, Wanninger, ich hab, ich hab a, ich möcht dem Herrn Ingenieur nur das jetzt mitteilen, daß ich die Bücher schon fertig gmacht hab und die — und ob ich die Bücher jetzt nachher hinschicken soll zu Ihnen, weil ich die Rechnung auch gleich mit dabei hab und die würd ich dann auch gleich — daß ich's dazu geb vielleicht!
Klotz: Ja, da fragen Sie am besten Herrn Direktor selbst, der ist aber jetzt nicht in der Fabrik.
Buchbindermeister: Wo is er nacha?

Klotz: Ich verbinde Sie gleich mit der Wohnung!
Buchbindermeister: Na na, na da bin, passen's auf, hallo!
Direktor: Ja, hier ist Direktor Hartmann!
Buchbindermeister: Ja, der Ding is hier, der Buchbinder Wanninger. Ich möcht nur anfragen, ob ich jetzt Ihnen des mitteilen soll wegen der Bücher, weil ich — die hab ich jetzt fertig gmacht in der Werkstatt und jetzt hamas fertig und ob ichs Ihnen nachher mit der Rechnung auch hinmitschicken soll, wenn ich - ich hätt jetzt Zeit!
Direktor: Ja, ich kümmere mich nicht um diese Sachen. Vielleicht weiß die Abteilung III Bescheid; ich schalte zurück in die Firma.
Buchbindermeister: Wer ist, wo soll i hingehn? — Herrgottsakrament.
Abteilung III: Baufirma Meisel, Abteilung III!
Buchbindermeister: Ja, der Ding ist hier, der Buchbinder Wanninger, ich habs jetzt dene andern scho so oft gsagt, ich möcht nur an Herrn Direktor fragn, daß ich die Bücher — fragen, daß ich die Bücher jetzt fertig hab und obs nausschicka soll zu Ihna und d'Rechnung hätt ich auch gschriebn, ob ich die auch gleich mit de Bücher, zamt de Bücher mit zum Herrn — Ihnen hinschicken soll, dann!
Abteilung III: Einen Moment, bitte, ich verbinde mit der Buchhaltung!
Buchhaltung: Firma Meisel & Compagnie, Buchhaltung!
Buchbindermeister: Hallo, wie? Ja, der — ich möchte nur der Firma mitteilen, daß ich die Bücher jetzt fertig hab, net, und dadats, dats jetzt Ihnen hin-hin hinoweschicken, hinaufschicken in eichere Fabrik und da möcht ich nur fragen, ob ich auch die Rechnung hin-hinbeigeben, beilegen soll, auch!
Buchhaltung: So, so sind die Bücher nun endlich fertig, hören Sie zu: Dann können Sie mir ja dieselben morgen vormittag gleich — ach, rufen Sie doch morgen wieder an, wir haben jetzt Büroschluß!
Buchbindermeister: Wos? Jawohl, ja so, danke — entschuldigens vielmals! — - Sauband, dreckade!

Karl Valentin, Buchbinder Wanninger, Gesammelte Werke, München 1961

110
Ridha H. Ridha
Telefonbeschwörer
1993

Wir sehen Phonographen, die wie Schreibtische ausschauen, Frühstücksbüchsen, die den Anschein reich gebundener Bücher erwecken. Warum läßt man dem Telephon seine ganze Häßlichkeit? Gerade dieser mißgestaltete Trichter fordert doch dazu auf, ihn durch reichen Schmuck zu verbergen. Und dann, wie unpoetisch ist z.B. ein Telephon in einem eleganten Salon, im Boudoir einer schönen Frau! Es gemahnt in seiner einfachen Sachlichkeit an Geschäftsstunden und Rechnen und sticht seltsam ab von der Anmut und dem Reichtum der übrigen Einrichtungen. Wie wäre es, wenn wir statt dieses einfachen kleinen Fernsprechers eine Rose aus der Wand herausblühen sähen? Und warum soll man keinen Fernsprecher anfertigen, der wie eine Rose aussieht? Der Kasten könnte leicht als ein schön geschmückter Blumentopf gestaltet werden. Der Ansatz des Trichters erschiene als Stengel mit Blättern und Knospen, und der Trichter selbst würde sich als geöffnete Blume darbieten. Von der Blume ist nur ein Schritt zu anderen schönen Dingen. Wer die Plastik liebt, kann sich statt des Telephons die Figur eines berühmten Heerführers zu Pferde aufstellen, wobei die Worte in des Pferdes Ohr gesprochen werden können. Ein Bücherfreund wird statt des Fernsprechers einen schön geformten Folianten hinstellen, und wenn er sprechen will, wird er einfach den Deckel aufschlagen; und wie für den Apparat selbst, so ergeben sich auch für den Fernhörer unzählige reizende ornamentale Gedanken.

aus: „The Transmitter", Baltimore 1915
zit. nach Hermann Heiden, Rund um den Fernsprecher, Braunschweig 1963

106
Sebastian Krüger
Endlich! Kohl nimmt ab!
1990

Neu für Mäuse: Das Menschentelefon
von der Post!

107
Hans Traxler
Neu für Mäuse
1990

116
Robert Gernhardt
Es ist für Familie Hörger
1993

Idee vom Ferntaster

So haben wir denn Telegraphie, Telefonie, der Fernseher ist so gut wie fix und fertig. Und nur die Telehaptie, der Telehaptor, der Ferntaster läßt noch auf sich warten. Was nutzt uns der ganze Wells, wenn er vor dieser Idee zurückschrickt? Aber die Sache steht ja viel kläglicher, als man argwöhnt: wir sind verloren, wenn wir das Telehaptieren nicht lernen. Solange unser Getast wie versteinert festsitzt und nur seine Verfeinerungen, das Gesicht, der Geruch, das Gehör ihren freien Ausflug in die Welt machen, sind wir armselige Gefangene. Aber wir wollen nicht gleich weinen! Man muß ein paar Worte der Ermutigung sprechen. Manches wird nur deshalb nicht gefunden, weil man gar nicht auf den Gedanken kommt, es zu suchen. Der Gedanke, das Getast zu telehaptieren, einmal gefaßt, wird sich realisieren müssen!

Ich bin jetzt nicht in Bessarabien, ich bin hier an dem Orte, von dem einige Leute mit gesunder Verdauung immer wieder fragen: Was ist des Deutschen Vaterland? Hole sie...
Ja, der Kuckuck, der singt manchmal zu schön, Frau Werner — Was ich doch gleich sagen wollte: ich bin hier! Aber bin ich nicht überall... bis... bis... bis auf mein bißchen — Getast???

Also there lies the rub! Mein Gesicht reicht milchstraßenweit, mein Gehör unter Umständen meilenweit, mein Geruch unglücklicherweise bis in das W.C. des Lyrikers Expresber. Die kleine Dirne Kleptomanopatra höre ich hier, wenn sie in Kairo aus dem Beischlafe spricht. Den eleganten Novellisten Paul Juchheyse ahne ich (selbstverständlich mit dem Ahnungsvermögen), wenn ich noch so fern von ihm an nichts denke. Aber schmecken und tasten kann ich all die Lieben nur, wenn ich sie ganz dicht bei mir habe (wovor mich übrigens der liebe Gott noch lange bewahren möge!). Immerhin doch! Es geht aus allem hervor, wenn einer fragt: wo bin ich? daß er dann eigentlich meint: wo bin ich zu tasten. Denn gesehen, gehört, gerochen könnte er auch anderswo werden. Ja, dieses klobige Getast! Man muß es loseisen, auftauen, auf Drähte ziehn und schließlich drahtlos in alle Ferne schicken.
Wie einfach!

Sehen Sie, liebe Frau Scholz, ehe daß Sie nun Ihre Strümpfe und Schuhe anziehen, sich pudern, den Bahnhof aufsuchen, ins Kupee steigen und vierzehn Tage brauchen, bis Sie noch nicht einmal in Japan sind, wo der Prinz Ten-tsim-pò Sie in seine gebrechlichen Arme reißt — stellen Sie sich einfach nackt, wie Sie, wo wir nicht fehlgehen, Gott erschaffen hat, auf eine Art Wagschale, deren Zwilling am Ziel Ihrer Bestimmung

Brian Bagnall
Bleiben Sie bitte dran
1983

schwankt: Im Handumdrehen ist alles, was an Ihnen tastbar, wägbar ist, hindurchtelehaptiert! Man wird nächstens auch die Kleider mitschikken können; vorläufig sträubt sich der Ferntaster...schamhaft!!!. . . gegen alles nicht Splitterfasernackte. Wahrscheinlich ist das der Grund, weswegen er noch nicht recht funktioniert?

Wie dem auch sei, der Ferntaster, der ja selbstverständlich, wie Professor Abnossah Pschorr mir mitzuteilen die Güte hatte, den Fernriecher, Fernschmecker, Fernwärmer respektive -kälter usw. in sich begreift, ist das Ideal aller Beförderungsmittel. . . und so gesund, so amüsant, so modern, daß er in Sonderheit auf dem bisher etwas. . . ?. . . umständlichen Gebiet der Erotik direkt erfrischend zu wirken verspricht. Ja, Mutter Kobelke, haben Sie denn gehört, daß ein Teletiktor, ein Ferngebärapparat in sichere Aussicht genommen worden ist?

Alles was wahr ist! Ein bißchen Selbstüberwindung kostet es schon, ein bißchen momentane Selbstpreisgebung, sich telehaptieren zu lassen. Ach, mein lieber Kolonialwarenhändler Schwach aus Halle, reißen Sie sich von dem Wahne los, daß Sie nicht in Birma wären: Sie sind überall, aber ohne den Telehaptor erleben Sie das schwerlich! Was soll Ihnen Halle? Wie schön ist Birma! Lassen Sie sich man bloß telehaptieren, von wegen Segnung Ihres Andenkens in Halle! Um daß man Ihnen nachtrauere!

Und ganz entzückend wäre auch die(noch nicht eingeführte) zwangsweise Telehaptierung! Da könnte man ganze Regimenter von Widerwärtigkeiten mit eins ins Pfefferland feuern und rasch den Absendeapparat ruinieren. Menschenskinder, wäre das erlösend!. . .

Wie meinen Sie, Sie Schafsnase! Sie halten den Gedanken für phantastisch, Sie Urian? Wollen Sie still sein, Sie Eber! Dichten Sie meinethalben Festspiele auf 1813, Sie Jubelgreis! Glauben Sie vielleicht, Sie wären hier unter sich? Sie Aasgeier! Halten solche Ideen für Wind- und Ganseier? Was? Lichtwellen und solches Gelumpe sollten sich rapide fortpflanzen — und haptische Vibrationen nicht? Sind Sie verrückt? Oder sind Sie vielleicht zufällig die dumme Gans, die nur mit Offizieren geht? Sie Unsal!

Mynona(i.e. Salomon Friedlaender), erstmalig abgedruckt um 1918, aus: Das Nachthemd am Wegweiser, Berlin 1980, S. 96 ff.

123
Achim Greser
Ruf doch mal an
1993

115

115
Heribert Lenz
Aus der Anfangszeit des Telefondienstes
1993

119
Jens Förster
Wo wollten Sie hin...?
1992

121
Matthias Sodtke
Nicht rangehen. Es ist Mutter
1992

118
Toni Burghart
Telekinese
1993

124
Betty Stürmer
Tragbares Telefon
1992

128
Hans Traxler
Man kann jetzt auch nach
Sachsen faxen
1991

Man kann jetzt auch
nach Sachsen faxen!

132
Hans Traxler
Packs Fax, Rex
1990

129
Hans Traxler
Das ist mein Fuchs, mein Fax,
mein Max und mein Sex
1991

130
Erich Rauschenbach
ohne Titel
1993

Schade um das neue Fax-Gerät.

131
Achim Greser
Schade um das neue Fax-Gerät
1993

126
Rattelschneck
Zu spät, zu spät
1993

112
Erich Rauschenbach
Überfall
1992

Katalog

In die Ferne schreiben

1 anonym
Opposition Telegraphs, 1798
or The little second-sighted Lawyer giving a true specimen of Patriotic Information. „After so candid & honorable a Statement, no man can suspect the Hon.ble Gentleman of Wilful Misreprentation" -M. B.-remark "I trust the World will not regard me, as a Person ready to bring before them any matter which does not rest on a prosper foundation"
Radierung, koloriert; 195 x 265(Blatt), 175 x 230 (Platte)
Deutsches Postmuseum, Frankfurt a. M., Bilder Humor 45

2 Rodolphe Toepffer
(1799 Bern — 1847 Bern)
Monsieur Pencil, 1846
Lithographien; 135 x 230
aus: „Collection des Histoires en estampes de R. Toepffer", 3me volume
Genève 1846, 5me Edition
Landesbibliothek, Coburg

3 anonym
Der Telegraph, 1848
Holzstich; 273 x 211 (Blatt) 236 x 182 (Stich)
aus: „ Fliegende Blätter", 1848, Nr. 142, S. 175 und 176

4 Gavarni (i.e.Guillaume Sulpice Chevallier)
(1804 Paris — 1866 Auteuil)
Dépèche Télégraphique, 1842
Lithographie; 198 x 156, 238 x 240 (Blatt)
aus: „Politique des Femmes", 1839
erschienen in: „Le Charivari", 14.Juni 1842
Bremen, Kunsthalle, Inv. Nr. 10/ 932

Der singende Draht

5 A word to the mermaids, 1865
monogrammiert J. C.
Neptune. „AHO-O-O-O-OY, there! Get off o' that ,ere cable, can't yer — that's the way t' other one was wrecked!!!"
Holzstich; 248 x 190
aus: „Punch, or the London Charivari", August 5, 1865, Vol. 49, S. 47
Stadt- und Universitätsbibliothek, Frankfurt a. M.

6 Georges du Maurier
(1834 Paris — 1896 London)
The diver in search of the atlantic cable gets into hot water, 1866
Holzstich; 252 x 195
aus: „Punch, or the London Charivari", Punch's Almanack for 1866, Vol. 50
Stadt- und Universitätbibliothek, Frankfurt a. M.

7 Charles Samuel Keene
(1823 Hornsey b.London — 1891 London)
For better or worth, 1866
Neptune (The Heavy Father). „Bless ye, my children!"
Holzstich; 245 x 191
aus: „Punch, or the London Charivari", August 11, 1866, Vol. 51, S.63
Stadt- und Universitätsbibliothek, Frankfurt a. M.

8 anonym
The standard bearer to the confederate general Stuart, 1863
Holzstich, 157 x 104
aus: „Punch, or the London Charivari", February 2, 1863
Stadt- und Universitätsbibliothek, Frankfurt a. M.

9 anonym
The Rhodes Colossus, 1892
Holzstich; 276 x 210
aus: „Punch, or the London Charivari", December 10, 1892, S. 267
Stadt- und Universitätsbibliothek, Frankfurt a. M.

10 Bruno Paul
(1874 Seifhennersdorf i. d. Lausitz — 1968 Berlin)
Der Hofnarr, 1903
„Die ernsten Einfälle von heut' sind lustiger wie unsere alten Späße."
aus: „Simplicissimus", 1903, 7. Jg. Nr. 23
Stadt- und Universitätsbibliothek
Frankfurt a. M.

Die Maßangaben verstehen sich in Millimeter, Höhe vor Breite

11 Eugen Kirchner
(1865 Halle a. S. — 1938 München)
Morseapparat, um 1900
Graphit, Feder, Tusche, aquarelliert, weiß gehöht; 297 x 360
Verkehrsmuseum Nürnberg/ Post, G 25/ 54

12 Julius Diez
(1870 Nürnberg — 1957 München))
Die Post der Zukunft, 1897
bez. u. r.: J Diez
Lithographie; 295 x 224
aus: „ Jugend" Nr. 31, 1897
Deutsches Postmuseum, Frankfurt a. M., Humor 70.2

13 Bruno Paul
(1874 Seifhennersdorf i. d. Lausitz — 1968 Berlin)
Das Nötigste, 1904
„Was hat der Prinz Eitel Fritz eigentlich belegt? Staatswissenschaften, oder was?" - „Nee, en Telegraphenkurs."
aus: „Simplicissimus", 1904, 9. Jg., Nr. 32
Stadt- und Universitätsbibliothek
Frankfurt a. M.

14 Ragnvald Blix
(1882 Christiania — 1958 Kopenhagen)
Aus der Art geschlagen, 1914
„Ich möchte nur wissen, wo der Junge das verfluchte Telegraphieren her hat!"
aus: „Simplicissimus", 1914, 18. Jg., Nr. 44
Stadt- und Universitätsbibliothek
Frankfurt a. M.

15 Telegraphenarbeiter, um 1920
Postkarte
Deutsches Postmuseum, Frankfurt a. M.

16 Freimut Wössner
(1945 in Österreich — lebt in Berlin)
Telegraphenarbeiter, 1987
bez. u. r.: Wössner
Feder, Tusche auf Folie; 400 x 300
Besitz des Künstlers

Telegraphenfresser

17 G. Nielsen
(Lebensdaten unbekannt)
bez.u.r.: Georg Nielsen
Der Gegner der Civilisation, um 1880
Holzstich; 292 x 386
aus: „Das Buch für Alle", Heft 21, S. 497
Deutsches Postmuseum, Frankfurt a. M., Bilder Humor 94.6

18 Eduard Ille
(1823 München — 1900 München)
Was dich nicht brennt, das blase nicht, 1868/69
Holzstich, schablonenkoloriert; 440 x 334
aus: „Münchner Bilderbogen" Nr. 495, 21. Buch, 5. Auflage
Deutsches Postmuseum, Frankfurt a. M., Bilder Humor 213

19 L. Manzel
(Lebensdaten unbekannt)
Gruß aus Kamerun. 1893
Zur Eröffnung der direkten Telegraphenverbindung zwischen Berlin und Kamerun, März 1893
Rasterdruck; 263 x 205
Deutsches Postmuseum, Frankfurt a. M., Bilder Humor 142

20 E. Reinhardt
(Lebensdaten unbekannt)
Der Telegraph in Indien, 1880
Holzstich; 380 x 280
aus: „Ueber Land und Meer", Nr.32
Deutsches Postmuseum, Frankfurt a. M., Bilder Humor 141

21 anonym
Der Telegraph in der Wüste, um 1900
Rasterdruck; 154 x 240
Deutsches Postmuseum, Frankfurt a. M., Bilder Humor 180

Lügenspinne

22 Thomas Theodor Heine
(1867 Leipzig — 1948 Stockholm)
Die Lügen-Zentrale, 1914
Da Englands Kabel noch intakt sind, ist es nach wie vor imstande, seinen Hauptausfuhrartikel über die ganze Welt zu versenden.
aus: „Simplicissimus", 1914, 19.Jg., Nr. 25
Stadt- und Universitätsbibliothek,
Frankfurt a. M.

23 Olaf Gulbransson
(1873 Christiania — 1958 Tegernsee)
Deutscher Friedensengel und die Reuterspinne, 1917
Hoffentlich zerreißt der Frühlingssturm das Lügennetz
aus: „Simplicissimus", 1917, 21.Jg., Nr. 43
Stadt- und Universitätsbibliothek,
Frankfurt a. M.

24 Die Lügenkröte, 1917
Postkarte
Deutsches Postmuseum,
Frankfurt a. M., 11-7-4

Telegramm

25 Eduard Thöny
(1866 Brixen — 1950 Holzhausen am Ammersee)
Neutrale Telegramme, 1904
„Das Regiment „Wyborg" dankt begeistert für die Glückwünsche beim Ausmarsch und sieht mit Fassung dem baldigen Kondolenztelegramm entgegen."
aus: „Simplicissimus", 1904, 9.Jg., Nr. 18
Stadt- und Universitätsbibliothek,
Frankfurt a. M.

26 Thomas Theodor Heine
(1867 Leipzig — 1948 Stockholm)
Bei der Hellseherin, 1898
„Ich sehe im Westen . . . zwei grimmige Feinde . . . kämpfend . . . in einem Meer von Blut . . . noch bleibt mir verhüllt . . . wessen Stirne der Lorbeer des Sieges zieren wird . . . doch klar sieht mein Blick . . . der die Zukunft durchdringt . . . wer von beiden auch der Sieger sein wird . . . der wird ein Glückwunschtelegramm aus Berlin erhalten."
aus: „Simplicissimus", 1898, 3.Jg., Nr. 6
Stadt- und Universitätsbibliothek,
Frankfurt a. M.

27 Thomas Theodor Heine
(1867 Leipzig — 1948 Stockholm)
Zu Böcklins Tod, 1901
„Das Schweigen im offiziellen Wald"
aus: „Simplicissimus", 1901, 5. Jg.
Stadt- und Universitätsbibliothek,
Frankfurt a. M.

28 Freimut Wössner
(1945 in Österreich — lebt in Berlin)
Ich möchte gerne ein Telegramm aufgeben, 1989
Feder, Tusche auf Folie; 400 x 300
Besitz des Künstlers

Telephon

Was sehen meine Ohren

29 anonym
Telephonetisches, 1877
Holzstich; 377 x 267
aus: „Ulk" Illustriertes Wochenblatt für Humor und Satire, Nr. 47
Deutsches Postmuseum, Frankfurt a. M., Bilder Humor 90.1

30 Gustav Imlauer
(Lebensdaten unbekannt)
Das Telephon und seine Anwendung, 1878
Stahlstich; 385 x 276
aus: „Neue Illustrierte Zeitung", 1878
Deutsches Postmuseum, Frankfurt a. M.,
Bilder Humor 139

31 Carl Stauber
(1815 Amberg — 1902 München)
Die Zukunft des Telephons, 1882
Holzstich; 237 x 275 / 240 x 273
aus: „Über Land und Meer"
Deutsches Postmuseum, Frankfurt a. M.,
Bilder Humor 127.1, 127.2

32 anonym
Falsch verbunden, 1899
Zinkätzung; 292 x 221
aus: „Das Buch für Alle"
Deutsches Postmuseum, Frankfurt a. M.,
Bilder Humor 126

33 Adolf Oberländer
(1845 Regensburg — 1923 München)
Der Herr Commercienrath am Telephon, 1891
Strichätzung; Spaltenformat 182 x 92
aus: „Fliegende Blätter",
94. Bd., Nr. 2385, 1891

34 Henry Albrecht
(1857 Memel — ?)
Harmloses Vergnügen, 1893
bez. u. r.: H. Albrecht 93
Fräulein Eulalia sind alle Heirathspläne mißglückt. Schließlich geht sie jeden Tag an's Telephon und ruft: „Bitte, verbinden Sie mich mit Herrn Meyer!"
Pinsel, Tusche auf Karton; 401 x 237
Deutsches Postmuseum, Frankfurt a. M.,
Bilder Humor 11

35 anonym
Im Eifer, 1904
„.. Wenn mir nicht um's Telephon leid wär', dann hauet ich Ihnen eine 'runter, daß Ihnen hören und sehen vergeht!"
Feder, Pinsel, Tinte, laviert, weiß gehöht über Graphit; 460 x 327
Deutsches Postmuseum, Frankfurt a. M.,
Bilder Humor 89.3

36 anonym
Abgeschnitten, um 1904
„Wenn Sie jetzt noch einmal „Lump" zu mir sagen. . . häng ich ab!"
Feder, Pinsel, Tinte, aquarelliert, weiß gehöht, über Graphit; 383 x 244
Deutsches Postmuseum, Frankfurt a. M.,
Bilder Humor 14

37 Max Flashaar
(1855 Berlin — 1915 München)
Zerstreut, um 1886
bez. u. r.: M.Fl.
A (am Telephon) „Ich glaube, ich habe meinen Regenschirm bei Ihnen vergessen."
B (durchs Telephon zurückrufend) „Bei mir wurden gestern zwei Regenschirme vergessen. . . ist es vielleicht dieser?"
Feder, Tusche; 350 x 263
Verkehrsmuseum Nürnberg / Post, G 25 / 34

38 R. Wilson j.
(Lebensdaten unbekannt)
L'Abonné de Crétigny-en-Bazois, um 1890
„Allo!. . . allo!. . . Vous avez oublié un parapluie chez moi? Attendez donc: est-ce celui-ci?"
(Hallo!. . . Hallo!. . . Sie haben Ihren Regenschirm bei mir vergessen? Warten Sie: ist es dieser hier?"
Lithographie; 278 x 210
Collection historique des Télécommunications, Paris

39 anonym
Invitation, 1908
La voix, dans le téléphone.- Venez comme vous êtes. . . .C'est tout a fait sans cérémonie. . .
(Die Stimme am Telephone — Kommen Sie, wie Sie sind. . . Es ist ganz zwanglos. . .)
aus : „Le Frou-Frou", 22. August, Nr. 410, 1908
Lithographie; 290 x 215
Collection historique des Télécommunications, Paris

40 Barbara Henniger
(1938 Dresden — lebt in Strausberg)
Tut mir leid, Chef, 1993
bez. u. r.: Henniger
Feder, Tusche; 203 x 200
Besitz der Künstlerin

41 Friedrich Karl Waechter
(1937 Danzig — lebt in Frankfurt)
„Wie bitte? Sie suchen einen Mann mit einem energischen Kinn? Ist ja großartig!", 1978
Feder, Tusche; 255 x 218
Besitz des Künstlers

42 Henry Albrecht
(1857 Memel — ?)
ohne Titel, um 1900
bez. u. l.: H. Albrecht
Feder, Tinte über Graphit; 351 x 445
Deutsches Postmuseum, Frankfurt a. M.,
Bilder Humor 89.4

43 Carl Zopf
(1858 Neuruppin — ? München)
Er weiß sich zu helfen, 1906
bez. u. M.: Zopf
„Sag' mal, Karl, hast Du denn keine Angst bei Deinen schlechten Zeugnissen?"
„O nein! Ich ruf' immer erst Papa an und telephonier' ihm die Noten: dann ist sein Zorn schon fast verraucht, bis er nach Hause kommt!"
Feder, Tusche; 480 x 640
Verkehrsmuseum Nürnberg/ Post, G 25/ 21

Der Draht nach Oben

44 August Futterer
(1865 Mondfeld/Baden — 1930 München)
Bettlerhumor, 1907
„Na, wo stecken Sie denn? Sie waren schon lange nicht da; wenn Sie gestern gekommen wären, da hätten Sie auch eine Menge alter Kleider, Wäsche etc. gekriegt!" — Bettler: „Ick werd' mir noch'n Telephon einrichten müssen!"
aus: „Meggendorfer Blätter", 1907, Bd. 69, H. 856, S. 88
Württembergische Landesbibliothek, Stuttgart

45 Georg Scholz
(1890 Wolfenbüttel — 1945 Waldkirch)
Kriegerverein, 1921
Lithographie; 400 x 300
Besitz Mirko Heipek, Karlsruhe

46 anonym
Le Calvaire et le Poste du Télégraphe sans fil, um 1900
Postkarte
Collection historique des Télécommunications, Paris

47 Kurt Halbritter
(1924 Frankfurt — 1978 Frankfurt)
Laokoon, 1973
bez. u. r.: Halbritter 73
Aquarell, Deckfarbe; 665 x 498
Wilhelm-Busch-Museum, Hannover,
KG 1343/ 76

48 Eberhard Dietzsch
(1939 — lebt in Gera)
Der Schreibtisch des Chefs, 1993
Feder, Tusche; 390 x 325
Besitz des Künstlers

49 Nico (i.e. Andreas Nicolai)
(1959 Berlin — dort lebend)
bez. u. l.: Nico
ohne Titel, 1993
Tusche, Feder, aquarelliert; 400 x 330
Besitz des Künstlers

50 Milen Radev
(1956 Sofia — lebt in Berlin)
Der Ritt in die Zukunft, 1993
bez. u.l.: Radev
Feder, Tusche aquarelliert; 285 x 372
Besitz des Künstlers

51 Ottfried Zielke
(1936 Berlin — dort lebend)
Nein ich gebe keine Kredite, 1993
Feder, Tusche, Gouache; 305 x 242
Besitz des Künstlers

52 Friedrich Karl Waechter
(1937 Danzig — lebt in Frankfurt)
Plötzlicher Anruf, 1986
Feder, Tusche; 246 x 210;
montiert auf 630 x 481
Besitz des Künstlers

53 Brian Bagnall
(1943 Wakefield — lebt in München)
Telefondruck, 1989
bez.u.r.: Brian Bagnall
Feder, Tusche, Buntstift, aquarelliert; 300 x 504
Besitz des Künstlers

54 Brian Bagnall
(1943 Wakefield — lebt in München)
Rotes Telefon, 1985
bez.u.l.: B. Bagnall
Feder, Tusche, Buntstift, Faserstift; 276 x 201
Besitz des Künstlers

Akustische Austern

55 Draner
(Lebensdaten unbekannt)
Le Téléphone- Omnibus, Dédié à M. Cochery
— Par Draner, 1885
bez. u. r.: Draner
Holzstich; 440 x 309
aus: „ Le Charivari" 18. Februar 1885
Deutsches Postmuseum, Frankfurt a. M.,
Bilder Humor 91.3

56 Erdmann Wagner
(1842 Verdun — 1917 München)
Ein rücksichtsvoller Verehrer, um 1900
bez. u. l.: E W
„. . . Fräulein Else, ich wiederhole es Ihnen: ich liebe Sie — ich bete Sie an! . . . Machen Sie mich durch ein einziges Wort zum Glücklichsten aller Sterblichen . . . oder sind Sie gerade anderweitig beschäftigt?"
a) Feder, Pinsel, Tusche, aquarelliert, weiß gehöht; 389 x 232
b) Feder, Pinsel, Tusche, aquarelliert, weiß gehöht; 424 x 233
Deutsches Postmuseum, Frankfurt a. M.,
Bilder Humor 12/ 13

57 Walther Caspari
(1869 Chemnitz — 1913 München)
Der Schwerenöter, 1906
bez. u. l.: Caspari
„Ich habe Papa soeben unsere Verlobung mitgeteilt, lieber Casimir — er ist noch am Telephon! Willst Du vielleicht auch einige Worte mit ihm sprechen?" — „Aber natürlich, Schatz . . . ,äh . . . äh . . . also gratuliere bestens, Herr Kommerzienrat!"
Feder, Tusche, gespritzt; 510 x 360
Deutsches Postmuseum, Frankfurt a. M.,
Bilder Humor 89.1

58 Leo Kainradl
(Lebensdaten unbekannt)
Ein Zukunfts Apparat, 1897
bez. u. r.: Kainradl
Feder, Pinsel, Tusche; 275 x 307
Deutsches Postmuseum, Frankfurt a. M.,
Bilder Humor 209

59 Verlobung am Telephon
Postkartenserie, um 1900
Deutsches Postmuseum, Frankfurt a. M.

60 anonym
Dame im Negligé, um 1960
Foto
Deutsches Postmuseum, Frankfurt a. M.

61 Ernst Kahl
(1949 Rio de Janeiro — lebt in Hamburg)
Die heißeste Stimme der Stadt, 1989
bez. u.r.: Kahl 89
Feder, Tusche; 290 x 220
Besitz des Künstlers

62 Peter Angermann
(1945 Rehau — lebt in Nürnberg)
Telefonsex, 1988
bez. u. r.: Angermann 1988
Öl/Lw; 1500 x 1250
Besitz des Künstlers

63 Ottfried Zielke
(1936 Berlin — dort lebend)
Telesex, 1993
Tusche, Feder, Gouache; 298 x 302
Besitz des Künstlers

64 Matthias Sodtke
(1962 Hannover — dort lebend)
Alles war vorbereitet, 1992
bez. u. r.: Sodtke
Feder, Tusche, aquarelliert; 420 x 296
Besitz des Künstlers

65 Robert Gernhardt
(1937 Reval — lebt in Frankfurt)
Telefonkartenentwurf, 1993
bez. u. r.: Gernhardt
Graphit, Buntstift; 190 x 250
Besitz des Künstlers

66 Toni Burghart
(1928 Nürnberg — dort lebend)
Gefühlsecht! Sicher!, 1993
T.e.l.e.k.o.m. Kommunizieren ohne Kondome
Filzstifte; 297 x 210
Besitz des Künstlers

Fasse Dich kurz

67 Herbert Thiele
(Lebensdaten unbekannt)
Der Krach am öffentlichen Fernsprecher, 1935
bez. u. r.: H. Thiele
Feder, Pinsel, Tusche, Graphit, weiß gehöht;
172 x 345
Deutsches Postmuseum, Frankfurt a. M.,
Bilder Humor 210

68 Josef Geis
(1892 München — um 1945 München)
Wartende, 1942
bez. u. r.: Geis
Feder, Pinsel, Tusche, laviert; 230 x 300
Deutsches Postmuseum, Frankfurt a. M.,
Bilder Humor 208

69 Arne Leihberg
(lebt in Berlin)
„Laß dich nicht stören, der ist bestimmt bloß Materialprüfer", 1971
bez.u.r.: Ane
Feder, Tusche, aquarelliert; 152 x 234
Deutsches Postmuseum, Frankfurt a. M.,
Bilder Humor 115.8

70 Freimut Wössner
(1945 in Österreich — lebt in Berlin)
Ich suche die Nummer 618149, 1990
bez. u.r.: F.Wössner
Feder, Tusche, aquarelliert; 420 x 295
Besitz des Künstlers

71 Töffli
(Lebensdaten unbekannt)
Telefonitis, 1957
Klischeedruck; 360 x 253
Deutsches Postmuseum, Frankfurt a. M.,
Bilder Humor 98. 1

72 Arne Leihberg
(lebt in Berlin)
„Bitte! möchten Sie vielleicht telefonieren?", 1971
bez.u.r.: arne
Pinsel, Feder, Tusche, aquarelliert; 215 x 310
Deutsches Postmuseum, Frankfurt a. M., Bilder Humor 115.2

73 Kümmel (i.e. Werner Droth)
(lebt in Berlin)
„...nun beeilen Sie sich bitte — schließlich habe ich die neuen Telefonbücher auch noch nicht gelesen!", 1971
bez.u.r.: Kümmel
Feder, Tusche über Graphit; 210 x 270
Deutsches Postmuseum, Frankfurt a. M., Bilder Humor 115.9

74 Bu (i.e. Hans-Jürgen Bundfuß)
(lebt in Dortmund)
„Pardon, Monsieur, kann ich mit diesem Telefon auch deutsch sprechen?", 1971
bez.u.r.: Bu
Fotographie; 100 x 130
Deutsches Postmuseum, Frankfurt a. M., Bilder Humor 115.1

75 Lothar Otto
(1932 Chemnitz — lebt in Leipzig)
Rauchzeichen, 1992
Feder, Tusche, aquarelliert; 230 x 311
Besitz des Künstlers

76 Ane (i.e. Arne Leihberg)
(lebt in Berlin)
„Mein lieber Schwan — hick — det is vielleicht 'n Spielautomat — da jewinnt ma ja überhaupt nischt.", 1971
bez.u.r.: Ane
Feder, Pinsel, Tusche, aquarelliert; 152 x 232
Deutsches Postmuseum, Frankfurt a. M., Bilder Humor 115.7

Ruf doch mal an

77 anonym
Warnung, 1877
Holzstich; 70 x 175 (Darstellung)
Deutsches Postmuseum, Frankfurt a. M., Bilder Humor 94.2

78 Walter Schnackenberg
(1881 Bad Lauterberg — 1961 Rosenheim)
Die Spinne, 1949
bez. u.r.: Schnackenberg 49
Feder, aquarelliert; 492 x 345
Wilhelm-Busch-Museum, Hannover

79 Klaus Staeck
(1938 — lebt in Heidelberg)
Ruf doch mal an, 1977
Siebdruck; 840 x 593
Privatbesitz

80 Walter Hanel
(1930 Teplitz-Schönau — lebt in Bergisch-Gladbach)
Hallo, ist da jemand?, 1980
bez. o.r.: Hanel
Feder in Schwarz, Grau und Braun, laviert und gespritzt, Deckweiß; 174 x 246
Wilhelm-Busch-Museum, Hannover

81 Arne Leihberg
(lebt in Berlin)
„Mann, was haben Sie da bloß wieder für 'ne Leitung angezapft?", 1971
bez.u.r.: Ane
Feder, Tusche, laviert; 160 x 164
Deutsches Postmuseum, Frankfurt a. M., Bilder Humor 121.3

82 Gerlinde Pfistner
(1954 Schöllkrippen — lebt in Nürnberg)
Abhördienst, 1992
verschiedene Materialien; 1380 x 240 x 80
Besitz der Künstlerin

83 Tomi Ungerer
(1931 — lebt in Irland)
Telephonangst, 1972
Aquarell; 303 x 223
Wilhelm-Busch-Museum, Hannover, KG 1735/ 81

84 Carl Barks
(1901 Merrill/ Oregon — lebt in Goleta/ Kalifornien)
bez.u.r.: Carl Barks 75
Donald telefoniert mit Daisy, 1975
erste Konzeption; Buntstift über Graphit; 322 x 215
fertiger Entwurf; Bleistift auf Pergamentpapier; 303 x 227
Deutsches Postmuseum, Frankfurt a. M., Bilder Humor 241.1, 241.2

85 Hanns Ernst Köhler
(1905 Tetschen — 1983 Ammerland)
Ob der vielleicht auch fernsehen kann?, 1951
Feder, Tusche; 209 x 297
Wilhelm-Busch-Museum, Hannover, Nachlaß Köhler, KKG 2120/ 70

Die geliebte Stimme

86 Roland Topor
(1938 — lebt in Paris)
bez.u.r.: R. Topor
Allo, Allo, il a raccroché, 1988
(Hallo, Hallo, er hat aufgehängt)
Feder, Tinte über Graphit; 296 x 209
Deutsches Postmuseum, Frankfurt a. M., Bilder Humor 206

87 Eberhard Dietzsch
(1939 — lebt in Gera)
Die geliebte Stimme, 1993
Feder, Tusche; 355 x 315
Besitz des Künstlers

88 Roland Beier
(1955 Meißen — lebt in Berlin)
Da hängt wieder irgendwo einer in der Leitung!, 1993
bez.u.l.: Beier
Graphit, Aquarell- und Deckfarben; 411 x 288
Besitz des Künstlers

89 Roland Beier
(1955 Meißen — lebt in Berlin)
... und wieder nimmt keiner ab!, 1993
bez.u.r.: Beier
Graphit, Wachskreide, Aquarell- und Deckfarben; 411 x 288
Besitz des Künstlers

Anrufbeantworter

90 Roland Beier
(1955 Meißen — lebt in Berlin)
Leider ist wieder nur Ihr Anrufbeantworter dran ..., 1993
bez. u.r.: Beier
Graphit, Aquarell- und Deckfarben; 411 x 288
Besitz des Künstlers

91 Johannes Waiditschka
(1978 Schwäbisch-Hall — lebt in Nürnberg)
Hallo! hier spricht ihr ganz persönlicher Anrufbeantworter, ich bin gerade nicht zuhause ..., 1992
Kugelschreiber; 210 x 136
Besitz des Künstlers

92 Heinz Jankofsky
(1935 Berlin — dort lebend)
Wer war denn dran?, 1993
Feder, Tusche, laviert; 298 x 209
Besitz des Künstlers

93 Freimut Wössner
(1945 in Österreich — lebt in Berlin)
Zeitansage, 1992
bez. u.r.: F. Wössner
Feder, Tusche auf Folie; 298 x 209
Besitz des Künstlers

Kommunikation

94 Die Telephon-„Reform“., 1909
(Signatur nicht identifizierbar)
Kraetke: Ich weiss gar nicht, was die Menschen überhaupt miteinander zu verkehren haben . . .
Die Darstellung bezieht sich auf die Gebührenreform, deren Vorlage im Reichstag von 1907-1911 ergebnislos war. Sie sah vor, daß nur noch der Grund- und Gesprächstarif und nicht mehr der Pauschaltarif gezahlt werden sollte.
aus: „Simplicissimus“
Rasterdruck; 230 x 219
Deutsches Postmuseum, Frankfurt a. M.,
Bilder Humor 90.4

95 Norman Rockwell
(1894 New York City — 1978 Stockbridge, Massachusetts)
The Gossips (Klatschmäuler), 1948
Umschlag für Saturday Evening Post,
6. März 1948
Klischeedruck; 270 x 266
Deutsches Postmuseum, Frankfurt a. M.,
Bilder Humor 98.3

96 Plattencover für die Gruppe 10cc
How dare you!, 1975
Sleeve Design by Hipgnosis assisted by George Hardie, Photography by Hipgnosis with Howard Bartrop, Graphics by George Hardie NTA
Privatbesitz

97 Johannes Muggenthaler
(1955 Bühl/Baden — lebt in München)
Es geht auch ohne mich, 1988
Farbfotographie, 300 x 197
Deutsches Postmuseum, Frankfurt a. M.,
Bilder Fernsprechapparat 82

98 Bernd Pfarr
(1958 Frankfurt — dort lebend)
Gernot, Pistazien essend, merkte nicht, daß die Ameisen wieder heimlich mit Boston telefonierten, 1992
Acryl/ Leinwand; 700 x 800
Besitz des Künstlers

99 Friedrich Karl Waechter
(1937 Danzig — lebt in Frankfurt)
Ich II, 1989
Feder, Tusche, aquarelliert; 324 x 302
Besitz des Künstlers

100 Freimut Wössner
(1945 in Österreich — lebt in Berlin)
Mobiltelephon, 1992
bez. u. r.: Wössner
Feder, Tusche auf Folie; 420 x 296
Besitz des Künstlers

101 Harri Schemm
(1958 Nürnberg — dort lebend)
Ist irgendwas? Nö — nix besonderes, 1993
bez.u.r.: Schemm 93
Gouache; 300 x 400
Besitz des Künstlers

102 Heribert Lenz
(1958 Schweinfurt — lebt in Frankfurt)
Mobiltelephon, 1993
bez.u.r.: Lenz
Graphit, aquarelliert; 282 x 224
Besitz des Künstlers

103 Peter Hammer
(1940 Hamburg — lebt in Nürnberg)
Dan Reeder
(1954 Lafayette/ Louisiana — lebt in Nürnberg)
Kommunikation, 1993
verschiedene Materialien; 1100 x 650
Besitz des Künstlers

104 Eberhard Dietzsch
(1938 — lebt in Gera)
Kommunikation, 1993
Feder, Tusche; 303 x 355
Besitz des Künstlers

105 Ari Plikat
(1958 Lüdenscheid — lebt in Dortmund)
Dann lieber telefonieren, 1993
Feder, Tusche, aquarelliert; 298 x 210
Besitz des Künstlers

106 Sebastian Krüger
(1963 Hameln — lebt im Weserbergland)
Endlich! Kohl nimmt ab!, 1990
bez. u. r.: Krüger 19
Mischtechnik; 480 x 353
Deutsches Postmuseum, Frankfurt a. M.,
Bilder Humor 240

107 Hans Traxler
(1929 Herrlich — lebt in Frankfurt)
Neu für Mäuse: Das Menschentelefon von der Post, 1990
Gouache; 325 x 231
Besitz des Künstlers

108 Freimut Wössner
(1945 in Österreich — lebt in Berlin)
Im Beichstuhl, 1992
bez.u.r.: Wössner
Feder, Tusche auf Folie; 400 x 300
Besitz des Künstlers

109 Barbara Henniger
(1938 Dresden — lebt in Strausberg)
ohne Titel, 1992
bez.u.M.: Henniger 92
Feder, Tusche aquarelliert; 298 x 209
Besitz des Künstlerin

110 Ridha H. Ridha
(1953 Bagdad — lebt in Berlin)
Telephonbeschwörer, 1993
bez.u.r.: Ridha
Feder, Tusche, aquarelliert; 400 x 208
Besitz des Künstlers

111 Erich Rauschenbach
(1944 Lichtenstein — lebt in Berlin)
Telefonwerbung, 1992
bez.u.r.: Erich Rauschenbach 92
Feder, Tusche, aquarelliert; 420 x 295
Besitz des Künstlers

112 Erich Rauschenbach
(1944 Lichtenstein — lebt in Berlin)
Dies ist ein Überfall!, 1992
bez.u.r.: Erich Rauschenbach 92
Feder, Tusche, aquarelliert; 420 x 295
Besitz des Künstlers

113 Andreas Prüstel
(1951 Leipzig — lebt in Berlin)
„...mit dem sprechen, der nicht da ist“, 1991
bez.u.r.: Prüstel 91
Fotocollage; 223 x 176, 420 x 296 (Blatt)
Besitz des Künstlers

114 Heribert Lenz
(1958 Schweinfurt — lebt in Frankfurt)
Jörg Metes
bez u.r.: Lenz/ Metes
Die Nummer der Auskunft hat sich geändert, bitte rufen Sie die Auskunft an!, 1993
Kreide; 250 x 206
Besitz der Künstler

115 Heribert Lenz
(1958 Schweinfurt — lebt in Frankfurt)
Aus der Anfangszeit des Telefondienstes, 1993
bez.u.r.: Lenz
Graphit, Kreide; 300 x 377
Besitz des Künstlers

116 Robert Gernhardt
(1937 Reval — lebt in Frankfurt)
Es ist für Familie Hörger — wie Hörgeräte ohne äte. . . , 1993
bez u.r.: Gernhardt
Graphit, Buntstift, aquarelliert; 360 x 250
Besitz des Künstlers

105
Ari Plikat
Dann lieber telefonieren
1993

117 Toni Burghart
(1928 Nürnberg — dort lebend)
Wein-Geistlicher Rat, 1993
bez.u.r.: Burghart
Ev.-luth. Trinker-Telefon-Seelsorge. Tags
Ev.-luth. Trinker-Seelefon-Telsorge. Nachts
Faserstifte; 296 x 210
Besitz des Künstlers

118 Toni Burghart
(1928 Nürnberg — dort lebend)
Telekinese, 1993
bez. u. l.: Burghart
Holz, bemalt; 585 x 530
Besitz des Künstlers

119 Jens Förster
(1963 Aschaffenburg — lebt in Hamburg)
Wo wollten Sie hin. . . ?, 1992
Kugelschreiber, Buntstift, aquarelliert;
297 x 209
Besitz des Künstlers

120 Jens Förster
(1963 Aschaffenburg — lebt in Hamburg)
Nein, ich bin Frau Könnteichmalkurzbei-
Ihnentelefonieren . . ., 1993
bez. u.r.: Jens Förster
Kugelschreiber, Buntstift, aquarelliert;
297 x 209
Besitz des Künstlers

121 Matthias Sodtke
(1962 Hannover — dort lebend)
Nicht rangehen. Es ist Mutter!, 1992
bez.u.r.: Sodtke
Feder, Tusche, aquarelliert; 420 x 296
Besitz des Künstlers

122 F.W.Bernstein (i.e. Fritz Weigle)
(1938 Göppingen — lebt in Berlin)
Göte ist dran, 1992
bez.u.r.: F.W.Bernstein 92
Graphit; 610 x 420
Privatbesitz

123 Achim Greser
(1961 Lohr — lebt in Frankfurt)
Ruf doch mal an!, 1993
bez.u.r.: Greser
Graphit; 365 x 510
Besitz des Künstlers

124 Betty Stürmer
(1960 Nürnberg — lebt in Berlin)
Tragbares Telefon, 1992
Pappe bemalt; 120 x 80 x 30
Besitz der Künstlerin

125 Brian Bagnall
(1943 Wakefield — lebt in München)
Skyscape of Frankfurt
bez.u.r.: B. Bagnall
Feder, Tusche, aquarelliert; 428 x 306
Besitz des Künstlers

126 Rattelschneck (i. e. Markus Weimer)
(1963 München — lebt in Hamburg)
Zu spät, zu spät, 1993
bez. r.u.: Rattelschneck
Filzstift, aquarelliert; 297 x 209
Besitz des Künstlers

Tele-Faxen

127 Nel (i.e. Ion Cozacu)
(1953 Klausenburg/ Rumänien — lebt in Erfurt)
Fax mal schnell was rüber, das Toilettenpapier ist alle, 1991
bez. u.r.: Nel/ 91
Mischtechnik; 270 x 320
Besitz des Künstlers

128 Hans Traxler
(1937 Herrlich — lebt in Frankfurt)
Man kann jetzt auch nach Sachsen faxen, 1990
Gouache, 265 x 228
Besitz des Künstlers

129 Hans Traxler
(1937 Herrlich — lebt in Frankfurt)
Das ist mein Fuchs, mein Fax, mein Max und mein Sex, 1991
Gouache, 265 x 228
Besitz des Künstlers

130 Erich Rauschenbach
(1944 Lichtenstein — lebt in Berlin)
ohne Titel, 1993
bez. u. r.: Erich Rauschenbach 93
Feder, Tusche, aquarelliert; 420 x 295
Besitz des Künstlers

131 Achim Greser
(1961 Lohr — lebt in Frankfurt)
Schade um das neue Fax-Gerät, 1993
bez.u.r.: Greser
Feder, Tusche, aquarelliert,
Deckfarben; 365 x 255
Besitz des Künstlers

132 Hans Traxler
(1937 Herrlich — lebt in Frankfurt)
Packs Fax, Rex, 1990
bez. u.l.: Trax 90
Gouache, 231 x 313
Besitz des Künstlers

Das Deutsche Postmuseum
Frankfurt am Main
dankt folgenden Leihgebern:

Berlin
Roland Beier
Barbara Henninger
Heinz Jankofsky
Andreas Nicolai
Andreas Prüstel
Milen Radev
Erich Rauschenbach
Ridha H. Ridha
Betty Stürmer
Freimut Wössner
Ottfried Zielke

Bremen
Kunsthalle

Coburg
Landesbibliothek

Dortmund
Ari Plikat

Erfurt
Ion Cozacu

Gera
Eberhard Dietzsch

Frankfurt
Robert Gernhardt
Achim Greser
Heribert Lenz
Bernd Pfarr
Hans Traxler
Friedrich Karl Waechter
Stadt- und Universitätsbibliothek

Hamburg
Jens Förster
Ernst Kahl
Markus Weimer

Hannover
Matthias Sodtke
Wilhelm-Busch-Museum

Karlsruhe
Mirko Heipek

Leipzig
Lothar Otto

München
Brian Bagnall

Nürnberg
Toni Burghart
Peter Angermann
Peter Hammer
Gerlinde Pfistner
Dan Reeder
Harry Schemm
Johannes Waiditschka
Verkehrsmuseum/Post

Paris
Collection historique des
Télécommunications

Stuttgart
Württembergische Landesbibliothek

Bildnachweis

Bremen Kunsthalle 21
Berlin, Betty Stürmer 119
Frankfurt a. M., Deutsches Postmuseum 10, 12, 14, 28, 29, 30, 31, 36, 37, 38, 39, 40, 42, 43, 44, 47, 48, 51, 53, 54, 56, 57, 66, 68, 69, 70, 72, 73, 74, 75, 76, 78, 79, 80, 82, 83, 84, 85, 86, 87, 88, 94, 95, 96, 97, 98, 99, 103, 104, 107, 109, 111, 114, 115, 117, 118, 123, 124, 126, 133
(Foto U. Seitz-Gray, Frankfurt)
Frankfurt, Titanic-Redaktion 102
Hannover, Wilhelm-Busch-Museum 65, 92, 93
Karlsruhe, Mirko Heipek 60
München, Siemens Museum 24
Nürnberg, Peter Angermann 77
Nürnberg, Jürgen Musolf 8, 22, 23, 50, 58, 59, 100
Nürnberg, Gerlinde Pfistner 91
Nürnberg, Stadtbibliothek 16, 19, 20, 25, 26, 27, 32, 33, 34, 35, 46, 52
Stuttgart, Württembergische Landesbibliothek 62

135

Brian Bagnall
Telefonzelle
1988